大学有精神

（修订版）

陈平原 著

北京大学出版社
PEKING UNIVERSITY PRESS

图书在版编目(CIP)数据

大学有精神 / 陈平原著. —— 2版（修订版）. —— 北京：北京大学出版社，2016.1
（大学五书）
ISBN 978-7-301-26454-6

Ⅰ.①大… Ⅱ.①陈… Ⅲ.①高等教育–研究 Ⅳ.①G64

中国版本图书馆CIP数据核字(2015)第259063号

书　　　名	大学有精神（修订版）	
	Daxue You Jingshen	
著作责任者	陈平原 著	
责 任 编 辑	于铁红	
标 准 书 号	ISBN 978-7-301-26454-6	
出 版 发 行	北京大学出版社	
地　　　址	北京市海淀区成府路205 号　100871	
网　　　址	http://www.pup.cn　新浪微博:@ 北京大学出版社 @培文图书	
电 子 信 箱	zpup@ pup.cn	
电　　　话	邮购部62752015　发行部62750672　编辑部62750112	
印 刷 者	天津联城印刷有限公司	
经 销 者	新华书店	
	889毫米×1194毫米　32开本　10.75印张　205千字	
	2009年5月第1版	
	2016年1月第2版　2019年8月第2次印刷	
定　　　价	48.00元	

目　录

"大学五书"小引

陈平原

不提撰写博士论文时如何邂逅晚清及五四的大学教育，就从 1996 年春夏编《北大旧事》说起，二十年间，我在自家专业之外，持续关注中国教育问题，竟然成了半个"大学研究"专家。

我之谈论大学问题，纵横文学与教育，兼及历史与现实，包容论著与时评，如此思路与笔墨，说好听是"别有幽怀"，说不好听则是"不够专业"。好在我不靠这些文章评职称，故不太在乎学院派的态度。

作为业余教育史家的我，多年前曾说过："从事学术史、思想史、文学史的朋友，都是潜在的教育史研究专家。因为，百年中国，取消科举取士以及兴办新式学堂，乃值得大书特书的'关键时刻'。而大学制度的建立，包括其蕴涵的学术思想和文化精神，对于传统中国的改造，更是带根本性的——相对于具体的思想学说的转移而言。"这也是我不避讥讽，时常"野叟献曝"，且长枪短棒一起上的缘故。

正因不是学术专著，没有统一规划，先后刊行的各书，呈犬牙交错状态。乘《抗战烽火中的中国大学》出版之际，将我此前在北大出版社刊行的四册有关大学的书籍重新编排，作为"大学五书"推出。其中《老北大的故事》大致稳定，《读书的"风景"》只删不增，调整幅度较大的是《大学何为》和《大学有精神》。

很多年前，我在《北大精神及其他》（上海文艺出版社，2000年）的"后记"中称："这是一个能够调动研究者的激情与想象力、具备许多学术生长点的好题目，即便山路崎岖，前景也不太明朗，也都值得尝试。"今天依然故我，只要机缘成熟，还会深度介入教育话题。

因此，"大学五书"只是阶段性成果，但愿日后还有更精彩的表现。

2015 年 5 月 18 日于京西圆明园花园

附记：考虑到去年第三次印刷的《读书的"风景"》仍在销售，"大学五书"改收新编的《大学新语》。特此说明。

2015 年 10 月 28 日

我的"大学研究"之路

——代自叙

我之关注大学问题，最早是因与夏晓虹合编《北大旧事》而广为人知。但就学术思路的形成而言，则必须往前推十年。我的博士论文主要讨论晚清以及五四新文化运动中"小说叙事模式的转变"，很自然地，牵涉到新教育与新文学的关系："梁启超以废科举开学校育人才为政治上的'变法之本'；其实，这何尝不是文艺上的'变法之本'。从某种意义上说，没有'新教育'，就没有中国现代小说，也没有中国小说叙事模式的转变。"讨论清末开始的书院改学堂，我的侧重点在课程设置如何影响青年学生的知识结构，乃至转变其文学趣味与小说技法。这原本是独立的一章，题目就叫《从士大夫到留学生》，洋洋洒洒，写了三四万字，写完后，越看越虚，没把握，删繁就简，就成了现在《中国小说叙事模式的转变》（上海人民出版社，1988）第一章"导言"里的第四小节。功夫没下足，文章做不好，但我坚信，自己的思路没错——谈新文学或新文化运动，必须将其与新教育联系起来。

1993年秋到1994年夏，我有幸获得日本学术振兴会的奖助，在东京大学和京都大学做研究。这是一段值得追怀的好时光——暂时脱离忙碌的日常生活，在一个陌生的环境里，静下心来，自由自在地、不带任何功利目的地读书。你可以想象，在这种境况下，我会翻阅有关东大、京大的书籍，其中东大为百年校庆而编纂的"写真集"《东京大学百年》，以及十卷本的《东京大学百年史》，其学术立场以及编纂策略，给我很大触动。于是，写了篇短文，题目叫《大学百年——从〈东京大学百年〉说起》，刊在1994年10月29日《文汇读书周报》上。文章劈头就说："再过四年，我所在的北京大学就将迎来百年大庆。没人让我操心，只是自己跟自己过不去，老觉得该为它做点什么。"校庆纪念，很容易做成热闹有余而深切不足的"官样文章"。因为"无官一身轻"，我愿意而且能够做的，就是从学术的角度，来阅读、叙述、品鉴、辨析这所大学的历史，并借此凸显某种精神价值。恰好，我所在的北大，有此潜能，值得认真经营。

大概是 1996 年春夏，我们开始了情趣盎然的"上穷碧落下黄泉，动手动脚找东西"。开始见一篇收一篇，后来发现，这样不行，编出来的书面目模糊。在这个过程中，逐渐跳出几个关键词：首先是"老北大"。之所以将目光集中在"老北大"，既是退却（"新北大"很复杂，一下子说不清），也是进取（可借此突出某种精神传统）。其次是"故事"。无论是当初的"素描"，还是几十年后的"追忆"，生气淋漓的叙述中，均包含着若干误传与误记；可这些东西不该随意抛弃，因其更能体现"生命之真"。意识到这一点，我刻意强调"历史"与"文学"间的张力。再次是"小品笔调"。这当然是与中文系教授的趣味有关——同样记录一件事，可以是浮光掠影，也可以是入木三分，我们当然愿意选择有趣且雅致的文字。就像该书的序言说的："杂感、素描、随笔、小品、回忆录，以及新闻报导、档案材料等，有带露折花的，也有朝花夕拾，将其参照阅读，十分有趣。"

　　《北大旧事》之所以不同于一般的选本，与那篇题为《老北大的故事》的序言有关。借助这篇序言，我们将"大学"作为"永恒的风景"来观赏、品读的思路，得到了广泛的了解与认同。说来好笑，这篇序言原本是交给一家大型文学杂志，编辑很喜欢，可最后关头，主编看到"北大之闹学潮，可谓渊源有自"字样，大惊失色，坚决要求删改。我不愿妥协，于是将文章转给了《读书》。《读书》分两期刊发，而且标明了"老北大故事之一""老北大故事之二"，留下了日后再接再厉、撰成"系列文章"的契机。这么说来，可谓"因祸得福"。

《北大旧事》编成于1996年，序言发表于1997年，至于正式成书，则迟至1998年1月。那是出版社方面的考虑，想借校庆活动的"东风"。其实，这样处理，效果不是很好，容易被误认为一般的校庆读物——来也匆匆，去也匆匆。

在我看来，"教育"无法完全脱离"政治"，但"大学史"不应该成为"政治史"的附庸——尤其是当我们将"政治"简化为"党派利益"的时候，更是如此。我在《哥大与北大·教育名家》中提及：国共两党出于各自的政治利益，对民国年间的"学潮"评价天差地别，但着眼点都是政局稳定与否。教育家则不然，从培养人才的角度立论，对学生的"荒废学业"不能不深表遗憾。1930年冬，蒋梦麟出任北大校长后，实行教授专任，推行学分制，要求毕业生撰写论文并考取学位，追求高等教育正规化。对于蒋校长的这一努力，1980年代撰写或修订的北大校史，都是持批判态度的。替蒋梦麟"评功摆好"，引来一些批评，我的辩解是："我并不否认五四运动为北京大学带来了巨大的光荣，也是历届学生引以为傲并极力追摹的目标，但我不主张将一部北大校史建构成加挂教学和科研的'学生运动史'。"在这篇题为《大学史的写作及其他》的答辩文中，我还提到："恕我直言，北大百年，蔡元培校长引进的德国大学模式及其兼容并包精神，影响极为深远；蒋梦麟校长推崇的美国大学模式及其正规化教学思想，同样值得认真对待。将后者说成是为了配合国民党的思想控制而采取的措施，似乎过于深求了些。"十年后的今天，承认著名教育家蒋梦麟的历史功绩，在学界已基本上达成共识。

北大校史的"变脸"，某种意义上，折射出了整个中国思想及文化的转型。就拿北大校长来说，三十年前，我们不能确定马寅初的贡献；二十年前，我们对如何评价蔡元培拿捏不准；十年前，谈论胡适时我们仍然举棋不定——而所有这一切，如今都成了"常识"。或许，这就是"历史的进步"。最近十年，大学史的研究突飞猛进，有外在的动力——各大学都努力给自己贴金，编撰校史时，不再有那么多的顾忌；也有内在的原因——我们终于认可了，现代中国大学的建设与发展，事关国家民族的命运，应超越党派利益，不该将其捆绑在阶级斗争的战车上。

同是 1998 年，紧接着三联版的《北大旧事》，我在江苏文艺出版社推出了《老北大的故事》一书。一编一撰，二者对照阅读，更有意思。前者让大家对这所大学的"人和事"感兴趣，后者则力图发掘那些有趣的"人和事"背后隐藏着的各种沉重话题。就我自己而言，真正用心用力的，当然是《老北大的故事》。

1997 年春夏，在美国哥伦比亚大学访学期间，因资料凑手，撰写了一组短文，总题为《哥大与北大》。这八则先刊美国《明报》、后发表在《中华读书报》的小文，借若干校长及教授的故事，钩稽这两所大学的历史联系。回北大后，所撰《北京大学：从何说起？》《北大传统：另一种阐释》等，那已经是拉开架势，将"北大"作为学术对象来审视和辨析了。在文体上，《老北大的故事》介于"专著"与"随笔"之间，第二辑"校史杂说"较有学术分量，但也不同于专业论文。

跟专业的教育史家不同，我的研究带有明显的问题意识，首先是解决自己心中的困惑，而后才是史学价值的追求。不过，一旦进入具体课题的实际操作，我还是努力保持史家实事求是、多闻阙疑的风格。我说过，在中国，争辩教育得失，不专属于教育家和教育史家，而是每个知识分子都必须承担的权利与义务。我已出版的几本小书，大体上都是实践这一诺言，即便不够专业，起码也是认真思考的产物。

北大不是一所普通的学校，百年历史上，九曲十八弯，是理解中国现代教育最好的切入口。这一特性，使我得以超越一般的"校史论述"，从"个案研究"，迅速上升到对整个现代中国大学命运的思考。单就这一点而言，我很庆幸。也正因为如此，"百年庆典"结束了，我的研究还可以继续往前推进。换句话说，这不是一个"应景"的题目。

其实，中国各著名大学，大都有自己的校史编纂队伍，也出版过相关著述。如逢五十大庆或百年盛典，更是推出系列出版物。可这些作品，或近于招生广告，或类似工作总结，除了校友及少数教育史专家，很少有人关注。随着《北大旧事》以及《老北大的故事》的出版与热销，众多零散的关于老北大的私人记忆被集合起来，而且被作为一种"大学叙事"，加以辨析、阐释与发挥。借助若干老北大的人物和故事，来呈现所谓的"北大传统"和"北大精神"，这种编撰策略，效果很不错。于是，江苏文艺出版社和辽海出版社紧接着组织了"老大学故事丛书"和"中国著名学府逸事文丛"。随后出版的"中华学府随笔丛书"以及"教会大学在中国丛书"，走的也是这条路子——谈论大学的历史，从硬梆梆的论说与数字，转向生气淋漓的人物和故事。此举起码让大家意识到，大学不是一个空洞的概念，而是一个知识共同体，一个由有血有肉、有学问有精神的人群组成的知识共同体。关于大学历史的讲述，不一定非板着面孔不可，完全可以讲得生动活泼。从"故事"入手来谈论"大学"，既怀想先贤，又充满生活情趣，很符合大众的阅读口味，才会一时间成为出版时尚。

谈论大学的历史，为什么选择"讲故事"？我在《文学史视野中的"大学叙事"》中谈到，那是因为撰写正史的权力，掌握在主政者手中，没有足够的档案数据（以北大为例，1950年代以后的人事档案不能查阅），民间很难从事这项工作。而一旦成为官修正史（即便只是"大学史"），需要平衡各方利益，必定收敛锋芒，回避矛盾。这样的写作，既不尽心，也不尽兴。所以我才会让开大路，自居边缘，讲述那些五光十色的"老大学的故事"。如此则讲者别有幽怀，听者心领神会。

至于你问为什么大家都关心大学问题，在《我们需要什么样的大学》中，我提到外在原因和内在原因，后者包括：第一，中国的大学体制及教育方式有问题；第二，跟其所处的社会环境一样，中国大学也在转型；第三，正因为有问题、在转型，具备往各个方向发展的可能性，公众才有批评及建议的热情。最后一点同样不该忽视：大学话题不属于"禁区"，虽有些言不尽意，但总比以前捂着盖着好多了。

我对北大的关注，从最早的研究五四新文学，到后来的注重现代中国学术，再到逐渐逼近作为现代知识生产基地的大学制度，这一学思历程，使得我倾向于将北大置于教育史、文学史、思想史、学术史的脉络中来考察。可是，在"百年中国"的叙事框架中，讨论北大的成败得失，不是一件容易的事。这里牵涉到论者的政治立场、理论预设、研究策略，也与叙述笔调密切相关。后者往往不被看好，以为是"雕虫小技"。大概跟自家学术背景有关，谈论中国大学，我不但关心"说什么"，而且注意"怎么说"。你若问什么是好的"叙述笔调"，其实没有一定之规，关键在于，必须契合论述对象以及个人趣味。

我谈北大，关注"北大人物"，那是因为我"人在燕园"，希望借梳理若干师长与这所大学结下的不解之缘，来亲近、体贴、理解、阐释这所大学。这么一种个人化的叙述，有好处，也有局限。因"结缘"而带来的强烈的主观色彩以及作者身影的浮现，使得这组文章多了些激情与温馨，而相对缺少距离与冷静。这也是没办法的事。对于"半文半学"的论述策略，其长其短，作者必须心里有数。

作为史家，我承认个人经验对于历史书写的意义——前辈的"追忆文章"如此，我的"故事考辨"也同样。辨析国人对于"大学"的想象,需要坚硬的史料(如档案等),也需要华丽的乐章(如诗文小说)。虚实之间,构成巨大的张力,让史家得以穿梭其间,驰骋想象,挥洒才情。这样的"大学研究",不涉及办学规模、经费预算以及综合实力评估等技术因素,显得有点"虚";但其注重"个性"与"表述",凸显"故事"与"精神",在林立的教育史著述中,另有一番风情。

我曾多次提及,中国的高等教育分成三千年的"大学"和一百年的"University",二者并非同根所生,很难直接过渡。正是这样一种区分,使得我乐于为中国大学"寻根"——探讨诸如传统书院能否实现现代转型的问题。

所谓为中国大学"寻根",包括三个不同层面的问题:第一,史实钩稽;第二,理论反省;第三,现实需求。在史实层面,我以为现代中国大学只有一百多年的历史,是晚清以降中国人向西方学习,"另起炉灶"弄出来的,跟西汉的"太学"或明清的"国子监"没有直接关系。为了所谓的"民族自尊",而刻意拉长中国"大学"的历史,既没必要,也不可能成功。

这么说,不等于否定中国大学"寻根"的价值。我对20世纪中国教育成功移植西洋制度表示欣赏,但对其抛弃悠久的书院传统则深表遗憾。在《大学之道——传统书院与 20 世纪中国高等教育》中，我从教育体制、教育理念以及教学方法的角度，谈论传统书院教育如何成为今日中国大学改革可资借鉴的思想资源。可惜的是，像《传统书院的现代转型——以无锡国专为中心》那样的个案研究，目前我做得太少，还不具备足够的说服力。但我用来质疑"接轨"热潮的"中国经验"，既包括传统书院，也包括百年中国大学史。《中国大学十讲》中，除北大外，我还关注清华大学、中央大学、中山大学、南开大学、西南联大、无锡国专等，这份名单，一看就是"别有幽怀"。

学以救弊，不同时代，有不同的"弊"，需要学者去直面乃至抗衡。1920 年代，蔡元培先生曾说过，对于传统中国教育，不宜估计过高——他担心表扬传统教育会压抑国人学习西方的热情；今天情况完全变了，"接轨说"已成主流，从官员到学界到大众，开口闭口都是哈佛、耶鲁，恨不得直接拷贝任何一所稍有名气的西方大学。正因此，我才有必要跳出来，批评"今天谈论大学改革者，缺的不是'国际视野'，而是对'传统中国'以及'现代中国'的理解与尊重"。我当然明白，传统书院或民国年间的大学，有很多弊病，之所以热心"发潜德之幽光"，不外是希望借此拓展学术视野，增加不同的思想资源，免得21 世纪的中国大学，真的变成"欧洲大学的凯旋"。

我借用老北大的人物和故事，来呈现所谓的"北大精神"。这种写作方式，日后成为各大学校庆写作中经常借鉴的模式，可惜大都仅得其皮毛。第一，我讲"故事"，不仅仅是因其"好玩"，更因这些故事蕴含着某种我认可的"精神"，这才值得我去上下求索、左右开掘。第二，假如将"老大学的故事"作为阅读、考辨的对象，那么，需要史家的学养与眼光，而不仅仅是文人趣味。第三，无论什么时代，"大学"的生存与发展，都与整个社会思潮密不可分，必须将政治、思想、文化、学术乃至经济等纳入视野，才能谈好大学问题。第四，必须超越为本大学"评功摆好"的校史专家立场，用教育家的眼光来审视，用史学家的功夫来钩稽，用文学家的感觉来体味，用思想者的立场来反省、质疑乃至批判，那样，才能做好这份看起来很轻松的"活儿"。

谈论中国大学，可以是专业论文，也可以是即兴演说，还可以是随笔、短论、答问等。之所以长枪短棒、匕首弹弓一齐上，一是兼及历史与现实，努力介入当下的社会（教育）改革，二是思考尚不成熟，为文略嫌匆促。在《北大精神及其他》的"后记"中，我谈到希望有一天能就北京大学撰写沉甸甸的专著；但同时，我也表示，不悔且不薄如此寻寻觅觅的过程。因为，在我看来，"这是一个能够调动研究者的激情与想象力、具备许多学术生长点的好题目，即便山路崎岖，前景也不太明朗，也都值得尝试"。

我曾经说过："从事学术史、思想史、文学史的朋友，都是潜在的教育史研究专家。因为，百年中国，取消科举取士以及兴办新式学堂，乃值得大书特书的'关键时刻'。而大学制度的建立，包括其蕴含的学术思想和文化精神，对于传统中国的改造，更是带根本性的——相对于具体的思想学说的转移而言。"反过来，教育史的思考与撰述，对我从事文学史或学术史的研究，大有裨益。这一番"游历"，在我已出版的《中国现代学术之建立》《触摸历史与进入五四》等书，以及正在撰写的《作为学科的"文学史"》中，都打上了深深的烙印。

更重要的是，此番"越界"，开拓了我的学术视野，养成了不受学科限制、自由驰骋的阅读以及思考的习惯。恕我大胆，借用林语堂的《四十自叙诗》，真可谓"从此境界又一新，行文把笔更自如"。

至于说我对中国大学问题的探讨，到底有多大的收获，这很难说。或许，还不到结账的时候，我的思考仍然"在路上"。有问题意识，有真切感受，也有若干精彩的个案研究，但搭不起自家独立的大厦。唯一敢说的是，意识到思想、制度、话语方式三者之间错综复杂的关系，并略有

"触摸"，如此而已。希望有一天，我真能像朱熹说的那样，"旧学商量加邃密，新知培养转深沉"，那时，再来删繁就简、推陈出新，发布我探讨大学问题的"最大成果"。

既然是"在路上"，自然不肯轻易放弃。在《大学何为》的"自序"中，我提到，会从历史记忆、文化阐释、精神构建以及社会实践等层面，思考"大学"作为人类社会极为重要的组织形式，它是什么、有什么，还能做些什么。

附记：以上自叙文字，大都借用我答《出版商务周报》记者的提问；这则"答问"，曾以《书里书外话"大学"》为题，刊 2007 年 10 月 28 日《出版商务周报》第 22、23 版。

第一辑

大学百年

中国大学百年？

　　文章的题目，是从两本英文书借来的：一是《中国与教会大学，1850—1950》（*China And Christian Colleges, 1850—1950*），一是《中国大学，1895—1995：一个世纪的文化冲突》（*China's Universities, 1895—1995: A Century of Cultural Conflict*）。二者都以"百年"为叙事框架，而且都有相当充分的论证。一般认为，中国最早的教会大学登州文会馆 19 世纪 80 年代方才开始进行高等教育，杰西·格·卢茨从 1850 年说起，只能理解为"寻根溯源"[1]。考虑到中国大陆的教会大学，1950 年代以后一概消亡，用"百

---

[1]　参看杰西·格·卢茨著，曾钜生译《中国教会大学史》69 页，杭州：浙江教育出版社，1988 年；史静寰：《狄考文和司徒雷登在华的教育事业》57 页，台北：文津出版社，1991 年。

年史"来涵盖，倒也未尝不可。谈论"中国大学"，可就没有那么确凿无疑了。加上一个问号，就因为 Ruth Hayhoe 的思路，与中国的教育史家大相径庭。在找到准确的答案之前，只好依古训，"多闻阙疑"。

到底是"中国大学百年"，还是"中国大学四千年"，不只牵涉史家的叙述框架，更与中国人对于"大学"的想象息息相关，故需要认真辨析。为大学"正名"，并非本文的主要目的；借助晚清以降教育革新历程的梳理，讨论大学的功用，展现其可能出现的前景，方才是本文的宗旨所在。

不过，话还是得从头说起。

一、两种大学史

将教育史的写作，作为一种叙事来理解，Hayhoe 的著作，以"讲述故事的概念与框架"开篇，接下来的章节，依次是"国民政府的故事，1911—1949""社会主义的故事，1949—1978""改革时代的故事，1978—1990""从中南区透视""从西北区透视""成人高教与中国的大学"。并非教育史家的我，最为关注的，自然是其叙事框架。在第一章中，作者讨论了以下四个问题：欧洲中世纪的大学；

中国的学术体制与价值；东方传统和范型；欧洲大学的凯旋[1]。在这个叙事框架中，"中国大学"属于西学东渐的产物，当然只有"百年史"。

可是，世界上还存在着另一种叙事，那便是：中国大学的历史，不是"百年"，而是"四千年"。以我阅读过的著作为例，伍振鷟的《中国大学教育发展史》、熊明安的《中国高等教育史》、高奇的《中国高等教育思想史》，以及曲士培的《中国大学教育发展史》，都是论述四千年的中国大学教育[2]。教育史家毛礼锐为熊著作序，强调"中国是一个历史悠久的国家，高等教育居于世界教育史上的领先地位"，并批评以往将创立于 11 世纪末、有 1 万 2 千学生的意大利的波伦亚（Bologna）作为人类历史上最早的大学。在毛氏看来，中国的大学，或从殷周算起，或从战国算起，退一万步，"如果从汉武帝设立太学算起，那么我国在公元前 124 年便无可置疑地有了较为正式的大

---

[1] *China's Universities*，*1895-1995*：*A Century of Cultural Conflict*，pp3-23，Garland Publishing，Inc. New York，1996.

[2] 伍振鷟：《中国大学教育发展史》，台北：三民书局，1982 年；熊明安：《中国高等教育史》，重庆出版社，1983 年；高奇：《中国高等教育思想史》，北京：人民教育出版社，1992 年；曲士培：《中国大学教育发展史》，太原：山西教育出版社，1993 年。

学"[1]。上述四部著作，胆子大的，开门见山，第一章便是"夏、商、西周时期的大学教育"（曲著）；谨慎一些的，书名叫"高等教育"，但也忍不住断言，"我国的大学教育起源于商代是毫无疑义的"（熊著）。理由是，《礼记·王制》有言：

> 天子命之教，然后为学。小学在公宫南之左，大学在郊。天子曰辟雍，诸侯曰泮宫。

类似的零星材料，还能找到一些，但不会太多。因而，复原西周的大学教育，不是一件容易的事情。不过，"三代之学"作为历代文人学者的共同记忆，确实影响了整部中国教育史的建构。除非否认晚清以前存在着"高等教育"，否则，无法不从西周说起。在这个意义上，中国人确实有三四千年高等教育的历史。

可是，这么一来，很容易导致"大学"概念的瓦解——任何一个文明，必然有属于自己的教育事业；任何一个时代的教育事业，都有高等、低等之分，所谓"大学"的起

---

[1] 参见教育史家毛礼锐为熊明安《中国高等教育史》（重庆出版社，1983）所撰的序言。

源，岂不成了"伪问题"？

问题可能出在翻译上，当中国人以汉语的"大学"，对应英文的"University"时，必须警惕二者之间的巨大差异。同样是高等教育，办学宗旨、教学体制、组织结构，乃至发展方向，均与其历史渊源紧密相关。西方人谈"University"，一般从中世纪说起；至于古希腊，只是作为思想渊源来追溯[1]。同样道理，谈论中国的"University"，似乎也不好意思追溯到西周。

突发奇想，上述四种教育史著，都没有英文书目；假如需要，怎么翻译？*The History of China's University*，肯定不合适，恐怕只能勉强译成 *The History of China's Taixue and University*。也就是说，中国的高等教育，分成三千年的"大学"和一百年的"University"，二者并非同根所生，很难直接过渡。教育史家囿于"大学"的名义，将其合二为一，便出现了许多问题。

还是辞书学界严谨，两种不同渊源的大学，分得一清

---

[1] 之所以称大学为"独特的中世纪机构"，就因为，"在中世纪，它的发展具有当今流行的许多特征，如名称、中心地，具有一定自治权的教师、学生、教学体制、考试及取得学位的程序，甚至拥有自己各学科的行政管理机构"（克拉克·克尔著、陈学飞等译：《大学的功用》，6 页，南昌：江西教育出版社，1993）。

二楚。"大学"一词，在《辞源》中是"古代贵族子弟读书的处所。即太学"；在《现代汉语词典》中则是"实施高等教育的学校的一种，在我国一般指综合大学"。前者念"tai xue"，后者念"da xue"，即便是读音，也都泾渭分明。《汉语大词典》兼及二者，既讲实施现代高等教育的"da xue"，也讲包括周之辟雍、汉以后的太学以及晋以后的国子学的"tai xue"。依此类推，"tai xue"史只能讲到晚清，"da xue"史则只有百年。硬要谈论从古到今的"中国大学"，恐怕很难得其要领。

这本来不是什么深奥的道理，之所以长期不被学界正视，就因为涉及所谓的"民族自尊"：一个文化古国，只有百年的"大学史"，实在说不过去。与此相类似的，是具体大学的溯源。冯友兰先生称，"北京大学的校史应该从汉朝的太学算起"，理由是：

> 我看见西方有名的大学都有几百年的历史，而北京大学只有几十年的历史，这同中国的文明古国似乎很不相称。[1]

---

[1]　冯友兰：《我在北京大学当学生的时候》，《文史资料选辑》第 83 辑，北京：文史资料出版社，1982 年。

尽管有种种遗憾，北大校史始终以戊戌维新为起点。倒是前几年湖南大学力争从岳麓书院（976）说起，这一"悲壮的努力"，最终被国家教委否决。否则，中国将出现一大批远比巴黎（1170）、剑桥（1209）、哈佛（1636）、耶鲁（1701）古老得多的"大学"。

其实，这种建构"悠久历史"的冲动，从1920年代便已开始。先是柳诒徵撰写《南朝太学考》《五百年前南京之国立大学》，称"金陵之有国学，自孙吴始，晋、宋、齐、梁、陈，迭有兴废"；"明之南京国子监，实为上下千年唯一之国立大学"。柳氏基本上严守史家立场，承认：

> 五百年前南京之国立大学，遂无寸瓦尺椽之遗迹，可以供今人之印证，仅能从史志之文，想象盛时之状况矣。[1]

之所以着力钩沉史料，就因为古之太学，"虽所业与今殊科，其劝学之方，析理之式，固皆足为诵法，恶可任其湮郁史册而不章哉"[2]。

---

[1] 《五百年前南京之国立大学》，《柳诒徵史学论文续编》177页，上海古籍出版社，1991年。

[2] 《南朝太学考》，《柳诒徵史学论文续编》442页。

到了张其昀，可就不一样了，目的很明确：为中央大学建构优良传统。其所撰《源远流长之南京国学》（1935），称中央大学及其前身东南大学、两江师范，都在南京城北钦天山前，此地乃五百年前明代大学之遗址。于是，穿越时空，扶摇直上：

> 追溯其源，则刘宋之四学，萧梁之五馆，均在钦天山麓，薪火之传几至千五百年。中国各大学论其历史关系之深，精神遗产之厚，举无有能及中央大学者也。[1]

如此勇敢的溯源，"中国各大学"确实难以匹敌。但此风不可长，否则，中国教育史将是一笔糊涂账。以中国历史之悠久、文物之丰富，地域文化之多姿多彩，随便一考，哪一所大学都能长出千八百岁。校史的无限扩张，之所以不值得提倡，除了有违实事求是原则，更因其遮蔽了"大学"与"University"（或曰"tai xue"与"da xue"）的巨大差异。而这，对于现代中国大学的健康成长极为不利。

---

[1] 张其昀：《源远流长之南京国学》，《中国历代大学史》，台北：中华文化出版事业委员会，1958年。

承认中国的高等教育历史悠久，资源丰厚，但本世纪实行的大学制度，却是道地的舶来品。1918 年，校长蔡元培为《北京大学二十周年纪念册》作序，对此有明确的表述：

> 吾国自虞夏时已有大学之制，见陈教授汉章所作《中国历代大学学制述》。然往昔太学国学，其性质范围，均与北京大学不可同年而语。然则往昔之太学国学，直当以高曾祖祢视之。而北京大学本体，则不得不认为二十岁之青年也。[1]

二十三年后，清华校长梅贻琦撰《大学一解》，以儒家"大学之道，在明明德，在新民，在止于至善"来解说今日之大学精神，同样凸显古今中西之别：

> 今日中国之大学教育，溯其源流，实自西洋移植而来，顾制度为一事，而精神又为一事。就制度言，中国教育史中固不见有形式相似之组织，就精神言，

---

[1] 《蔡元培全集》第三卷，158 页，北京：中华书局，1984 年。

则文明人类之经验大致相同，而事有可通者。[1]

或者区分"本体"与"高曾祖祢"，或者辨别"制度"与"精神"，都是强烈地意识到，在中国，古今之大学，不能说毫无关系，可也很难同日而语。

这其实正是本世纪中国大学教育的问题所在：成功地移植了西洋的教育制度，却谈不上很好地承继中国人古老的"大学之道"。不是没有人意识到，而是实践起来举步维艰；此中甘苦，单看"上法三代，旁采泰西"之曲折，便可大致明白。

二、关于"旁采泰西"

回到 Hayhoe 的追问，本世纪中国的高等教育，是否真的是"欧洲大学的凯旋"？

讨论现代中国的教育与学术，此一问题无法回避。

废科举，兴学校，养人才，如此互相钩连的三部曲，乃晚清志士的共同话题。至于如何"兴学校"，康梁师徒的意见最具代表性："上法三代，旁采泰西"；"远法三代，

---

[1] 梅贻琦：《大学一解》，《清华学报》第 13 卷 1 期，1941 年 4 月。

近取泰西"[1]。三代之学，作为学术课题，康氏发挥得淋漓尽致（如1886年著《教学通议》）；可到了设计教学体制，用得上的，只能是那紧随其后的"旁采泰西"。据《康南海自编年谱》，戊戌年四月末：

> 大学堂议起，枢垣托吾为草章程，吾时召见无暇，命卓如草稿，酌英美日之制为之，甚周密，而以大权归之教习。[2]

梁启超草拟的章程（即《总理衙门奏拟京师大学堂章程》），满目都是"西国学校"如何如何，从头到尾，没有一句涉及"三代之学"。遥想当年，即便学养深厚的康有为亲自起草，恐怕也难逃"名不符实"之讥。

康梁师徒不识外文，也未曾出洋考察，哪来的"英美日之制"？不用说，自是得益于译著。翻翻晚清兴学堂的论述，几乎无一例外，都受传教士著译的影响。在《教会新报》及其后身《万国公报》上，花之安（Ernst Faber）、

---

[1] 参见康有为：《请饬各省改书院淫祠为学堂折》（《康有为政论集》，313页，北京：中华书局，1981）和梁启超：《变法通议·论科举》（《时务报》第7—8册，1896年10月）。

[2] 《康南海自编年谱》，47页，北京：中华书局，1992年。

中国大学百年？　|　029

李提摩太（Timothy Richard）、林乐知（Young John Allen）、狄考文（Calvin Wilson Mateer）、李佳白（Gilbert Reid）等传教士，发表了许多有关西洋学校的介绍，成为晚清教育改革的主要思想资源。后两者对京师大学堂的建立，起了推波助澜的作用[1]；前三者的著述，更为梁启超所直接引证：

> 西人学校之等差、之名号、之章程、之功课，彼士所著《德国学校》《七国新学备要》《文学兴国策》等书，类能言之，无取吾言也。吾所欲言者，采西人之意，行中国之法，采西人之法，行中国之意。[2]

梁氏此文撰于 1896 年。此前一年，郑观应十四卷本《盛世危言》问世，其《学校上》附录了《德国学校规制》《英、法、俄、美、日本学校规制》和出自《七国新学备要论》的《英、德、法、俄、美、日六国学校数目》；此后两年，轰轰烈烈的变法维新正式展开，如何在教育领域"采西人之法，行中国之意"，更是士大夫谈论的中心话题。

---

[1] 参见李佳白：《拟请京师创设大学堂议》和狄考文等：《上译署拟请创设总学堂议》，《北京大学史料》第一卷，北京大学出版社，1993 年。

[2] 梁启超：《变法通议·学校总论》，《时务报》第 5—6 册，1896 年 9 月。

有个细节值得玩味：戊戌变法失败，所有新法尽废，唯独拟议中的大学堂照办不误。除了当朝者需要借此装点门面，更因此举争议最小。晚清的士大夫，再保守的，也不会否认中国"器不如人"。大兵压境，国事日非，"富国强兵"乃当务之急，而"兴学堂养人才"则是治本之举。用严复的话来说，时至今日，仍然反对引进声光电化，"谓不用西洋之术，而富强自可致"者，必是"狂易失心之人"[1]。百日维新失败，西式学堂并没因此销声匿迹，除了开办大学堂（1898），更有公布癸卯学制（1903）、谕停科举（1905）、建立学部（1906）等一系列大刀阔斧的改革。百年中国，以教育而论，最关键性的转折，其实是在清廷手中完成的。至于如何防止西学的引进导致传统伦理道德的颠覆，更是教育界持续百年的论争。

　　"中学为体，西学为用"，张之洞的口号，落实在教育界，便是"以伦常道德为先"的立学宗旨[2]，以及对于

---

[1]　《论世变之亟》，《严复集》第一册 4 页，北京：中华书局，1986 年。

[2]　《钦定京师大学堂章程》所规定的"以伦常道德为先"，既包括"激发忠爱，开通智慧，振兴实业"，也包括严格查处"明倡异说，干犯国宪，及与名教纲常显相违背者"。参见舒新城编：《中国近代教育史资料》（北京：人民教育出版社，1961）中册 549—550 页。

经学课程的特别强调[1]。随着新文化运动的兴起，"激发忠爱"不再理所当然，经学的意义也日渐失落，但"爱国主义"与"民族精神"，依旧是学校教育的中心。对于"中学"能否"为体"，曾经有过各种挑战；而"西学"内涵之模糊，则没有引起足够的重视。尤其在教育界,何谓"旁采泰西"，其实并非一目了然。

康、梁以及张之洞等的创建新学制，确实是"旁采泰西"，可并非"酌英美日之制为之"。传教士固然有关于英美学制的一般介绍，可直到 1902 年京师大学堂复办，驻美大使依然无法遵嘱提供准确的美国学制资料，原因是美国学校均由官民捐建，没有统一的课程设计[2]。更重要的是，讨论晚清的学制建设，不该遗漏了最为关键的德国。从薛福成的《出使英法义比四国日记》，到郑观应的《盛世危言》，无不强调学校规制"德国尤为明备"[3]。对此，

---

[1] 1903 年的《奏定大学堂章程》，规定设立"经学科大学"，并将其列在首位，此乃中国人的创举。据出洋学生编辑所译《日本文部省沿革及官制》（商务印书馆，1902），明治十年创立东京大学时，设法、理、医、文四学科；到了野田义夫撰《日本明治教育史》（林万里译，中国图书公司，1908），帝国大学分法、医、工、文、理、农六科。

[2] 参见《驻美大使为送美国各有关学堂授课章程事咨京师大学堂》，《北京大学史料》第一册。

[3] 参见薛福成：《出使英法义比四国日记》，291 页，长沙：岳麓书社，1985 年；《郑观应集》上册 245—264 页，上海人民出版社，1982 年。

康有为本人的《请开学校折》（1898），也有明确的表述：

> 今各国之学，莫精于德，国民之义，亦倡于德，
> 日本同文比邻，亦可采择。请远法德国，近采日本，
> 以定学制。[1]

晚清以降的高等教育，教会大学的作用固然不可低估，但主流是日渐成长的官立或民办大学——后者明显受制于政府所颁章程。1901 年，张之洞、刘坤一上《筹议变通政治人才为先折》，提及如何参酌东西学制：

> 德之势最强，而学校之制，惟德最详；日本兴最骤，而学校之数，在东方之国为最多。[2]

1902 年的《钦定京师大学堂章程》只是提及欧美日本之制，并无直接的比附；1903 年张之洞参与修订的《奏定大学堂章程》可就不一样了，满目皆是"日本"字样，上至分科大学的设想，下及课程译名的比照，更包括教

---

[1] 康有为：《请开学校折》，《康有为政论集》306 页。

[2] 张之洞、刘坤一：《筹议变通政治人才为先折》，见舒新城编《中国近代教育史资料》上册 49 页。

科书的写作等，均注明日本如何如何，足证其《重订学堂章程折》所说的"博考外国各项学堂章程门目，参酌变通，择其宜者用之"[1]，其实主要规摹的是日本。《东瀛学校举概》《日本游学指南》《日本文部省沿革及官制》，以及吴汝纶的《东游丛录》等著译的出版[2]，使得1902年以后的中国人，对于追慕德国的日本学制，有了比较清晰的了解。

德国以及日本的教育制度，在晚清为何特别受推崇，除了德、日两国国势之迅速崛起，更因其无碍中国现有的政制。1906年的《学部奏请宣示教育宗旨折》，对此有十分明确的表述：

> 东西各国政体虽有不同，然未有不崇敬国主以为政治之本者。近世崛起之国，德与日本称最矣。德之教育重在保帝国之统一。日本之教育所切实表章者，万世一系之皇统而已。[3]

---

[1] 张百熙等《重订学堂章程折》，《中国近代教育史资料》上册197页。

[2] 姚锡光：《东瀛学校举概》，京师版，1899年；章宗祥：《日本游学指南》，作者自刊，1901年；日本文部省原著、出洋学生编辑所译：《日本文部省沿革及官制》，上海：商务印书馆，1902年；吴汝纶：《东游丛录》，东京三省堂，1902年。

[3] 《学部奏请宣示教育宗旨折》，《中国近代教育史资料》上册220—221页。

如此确立忠君、尊孔、尚公、尚武、尚实的教育宗旨，明显模仿的是明治二十三年（1890）颁布的"教育敕语"。后者用儒学和普鲁士主义来修饰日本神话，完成了以天皇的神圣权威为依托的国家主义臣民教育的设计[1]。这一点，尤其符合清王朝的意愿，难怪皇上对学部的奏折大加赞赏："朕心惓惓，实有厚望焉！"[2]

辛亥革命不只推翻了大清帝国，更以扫除专制确立共和为目标。首任教育总长蔡元培认定，"忠君与共和政体不合，尊孔与信教自由相违"[3]，于是开始了新学制的制订。可就在此作为"全国教育改革的起点"的临时教育会议上，蔡元培依然强调借鉴日本学制，不过是从另一角度立论：

> 至现在我等教育规程，取法日本者甚多。此并非我等苟且，我等知日本学制本取法欧洲各国。惟欧洲各国学制，多从历史上渐演而成，不甚求其整齐划一，而又含有西洋人特别之习惯；日本则变法时所创设，

---

[1] 参见近代日本思想史研究会著，马采译《近代日本思想史》第一卷，160 页，北京：商务印书馆，1983 年。

[2] 《学部奏请宣示教育宗旨折》，《中国近代教育史资料》上册 226 页。

[3] 《对于新教育之意见》，《蔡元培全集》第二卷 136 页，北京：中华书局，1984 年。

取西洋各国之制而折衷之，取法于彼，尤为相宜。然日本国体与我不同，不可不兼采欧美相宜之法。[1]

这与张之洞所说的"西书甚繁，凡西学不切要者，东人已删节而酌改之"，故"我取径于东洋，力省效速"，其实是同一个道理[2]。对于现代化起步较晚的中国来说，需要一个作为过渡的桥梁，方才能比较顺当地理解并借鉴西学[3]。这一点，晚清人几无异议。只是到了西学的引进已经渐成规模的五四前后，中国人方才开始甩开日本，直面西方学术思潮。

1912 年 10 月，教育部颁发《大学令》，其时蔡元培已辞去教育总长职务，再次赴德留学。四年后，蔡氏出长北京大学，将此办学宗旨发挥得淋漓尽致。从《大学令》的取消经学科，不以忠孝相号召，确立教授在大学的主导地位，到出长北大时之强调"大学者，研究高深学问者也"，"循思想自由原则，兼容并包"，主张"以美育代宗教"[4]，

[1] 《全国临时教育会议开会词》，《蔡元培全集》第二卷 264 页。
[2] 参见张之洞：《劝学篇》"外篇"之《游学》《广译》二章，1898 年刊本。
[3] 参见章宗祥：《日本游学指南》1—2 页，东京：作者自刊，1901 年。
[4] 《就任北京大学校长之演说》《我在教育界的经验》《美育代宗教说》，见《蔡元培全集》第三卷 5 页、第七卷（中华书局，1989）200 页、第三卷 30—34 页。

以及扩充文科、理科，停办工科、商科等[1]，均明显打上德国大学的烙印[2]。读读在此前后蔡氏有关大学教育的论述，引以为据的，常常是德国的学制，以致有人从英法的立场提出批评[3]。

五四运动后，杜威、罗素的讲学北大，以及北大校长蔡元培的考察英美教育，标志着另一种大学理想的浮现。执中国高等教育牛耳的蔡校长，"在德、法较久，深悉德、法学制"，可惜"英美我尚未到过"，这一回的"西游"，对蔡氏影响甚大[4]。在伯克利加州大学，蔡元培发表演讲，除强调"大学教育应采用欧美之长，孔、墨教授之精神"，更仔细分梳西方三种不同的大学：

[1] 蔡元培之停办工科与商科，并非只是经费缺乏，而是认定："文、理，学也"，"法、商、医、工，术也"。"治学者可谓之'大学'，治术者可谓之'高等专门学校'"（《蔡元培全集》第三卷149—150页）。

[2] 在《国立北京大学的精神》（见《中华民国大学志》）中，罗家伦如此评说蔡先生："他对于大学的观念，深深无疑义的是受了19世纪初期建立柏林大学的冯波德（Wilhelm Von Humboldt）和柏林大学那时代若干位大学者的影响。"

[3] 对于蔡元培参与制定的大学改制计划，尤其是区分高等专门学校与大学的思路，寓居苏格兰的周春岳提出批评，以为此乃德国之制，与欧美各邦大学相左，违背西文之大学（University）"教授高等学术各科之综合体"的原意（参见《蔡元培全集》第三卷附录之周文《大学改制之商榷》）。

[4] 参见《蔡元培全集》第四卷65页、第三卷452页以及第七卷所收《西游日记》。

德、法大学专重研究学问，德国注重精细分析的研究，法国注重发明新法的研究。英国大学，如乌克斯福及康白尼哲（即牛津与剑桥的音译——引者注），重在陶养学生道德，使成为缙绅之士……美大学还有两种特色：（一）凡有用学问，如新闻学等，大学都可收入。（二）设夏科与校外教育，即无机会进大学者，亦可来习。[1]

蔡校长参酌"欧美教育新法"与"中国古代教授法"，希望兼及为真理而研究、陶养道德以及发展社会教育——这张包治百病的药方，分别指向德、英、美三种颇有差异的大学理想。

将近半个世纪后，长期担任美国加州大学校长的克拉克·克尔，在其题为《大学的功用》的系列演讲中，同样区分三种不同类型的大学：

任何地方的大学，都无法超过英国尽量为本科生考虑，德国尽量为研究生和研究人员考虑，美国尽可

---

[1] 《在卜技利中国学生会演说词》，《蔡元培全集》第四卷 65 页，北京：中华书局，1984 年。

能为公众考虑的目标——为了保持不易保持的平衡，越采取混合式越好。[1]

倘若追溯历史并寻求现实支持，前者可上溯到柏拉图，人文主义者在这儿找到共鸣；中者可上溯毕达哥拉斯，科学家将给予大力支持；后者则不妨追溯到智者，社会科学家对此最为欣赏。如果追问这三种类型的大学在克氏与蔡氏的视野有何差异，最大的不同莫过于前者是历时的，后者则是共时的。

西游归来的蔡校长，一改以往独尊法、德教育的思路，对美国的大学制度评价甚高[2]。第二年，在一则短文的注释中，蔡氏标示了其大学改革的理想：

分大学区与大学兼办中小学校的事，用法国制。

大学可包括各种专门学术，不必如法、德等国别设高等专门学校，用美国制。

大学兼任社会教育，用美国制。

[1] 克拉克·克尔著，陈学飞等译：《大学的功用》12页，南昌：江西教育出版社，1993年。

[2] 参见《在北大欢迎蔡校长考察欧美教育回国大会上的演说词》，《蔡元培全集》第四卷79页。

大学校长，由教授公举，用德国制。

大学不设神学科，学校不得宣传教义与传教士不得参与教育，均用法国制。瑞士亦已提议。

抽教育税，用美国制。[1]

如此博采众长，有的不成问题（如不设神学科），有的无法实现（如大学区制），比较可行的，大都带美国色彩——"深悉德、法学制"的蔡氏尚且如此，余者可想而知。

教会大学中，美国势力本就"独占鳌头"[2]；国立及私立大学的校长，留美学生占很大比例。以后来组成西南联大的三大名校为例。蔡元培长校时的主要助手、1930年起正式接任北大校长的蒋梦麟，乃美国哥伦比亚大学的教育学博士。罗家伦说得没错，蒋梦麟出长北大后，"北京大学更有意识地向着近代式的大学方面走"[3]。这里所说的"近代式的大学"，其实是指逐渐占据主流的美式大学理想。至于清华，本就是作为留美预备学校而设立的，长期主持校政的梅贻琦为美国毕业的工程硕士，其校风及管理

---

[1] 《教育独立议》，《蔡元培全集》第四卷178页。

[2] 参见顾长声：《传教士与近代中国》333—337页，上海人民出版社，1995年。

[3] 罗家伦：《国立北京大学的精神》，《中华民国大学志》。

体制之追慕美国，更是在意料之中。教育家张伯苓1917年赴美，入哥伦比亚大学师范学院研究教育，第二年回国，正式筹建南开大学。在美期间，张氏曾发表演讲，畅谈未来大学的走向：

> 考察与中国需要最宜之教育制度，结果获得两种需要者：一则英法美之制度，一则日德之制度。前者专为计划各人之发达，后者性近专制，为造成领袖及训练服从者之用（是即服从纪律）。敝校南开，多半以是二者为圭臬。[1]

南开大学成立后，并非兼重英美与日德：教员聘请的是美国人或留美学生，课堂除国文和中国历史外均用英文讲授，且直接使用美国学校课本，据说连生物课解剖用的蚯蚓，也是从美国运来的[2]。

可以这么说，从20年代初至40年代末，中国的高等教育，主要以美国大学为榜样。这一局面，由于共产党之建立新政权，以及抗美援朝战争的爆发，方才彻底改观。

---

[1] 段茂澜：《译张伯苓校长在美演说记》，《南开思潮》第2期，1918年6月。

[2] 参见南开大学校长办公室编：《张伯苓纪念文集》6页、211页，天津：南开大学出版社，1986年。

1952 年开始的院系调整，使得中国的大学教育，由美式转为苏制。除了意识形态方面的考虑（比如，清除美帝国主义根深蒂固的影响），教育学上的依据，主要是"以培养工业建设人才和师资为重点，发展专门学院，整顿和加强综合性大学"[1]。这种讲求实用、鄙视玄虚，要求直接服务于经济建设主战场的教育思想，晚清以降本就不绝如缕，借助于改朝换代，终于成为大学教育的主流。苏联模式之所以畅通无阻，新政权的魅力自是主要原因，但晚清开始的"西艺"及"实利"教育思潮，无疑做了很好的铺垫。

晚清开始的教育改革，几乎每一步，都是外力逼迫造成的。从创设同文馆起，无不是为了救急而头痛医头、脚痛医脚。对于传统教育制度的批评，最直截了当的，莫过于"无裨实用"；反过来，提倡西学，最为有力的口号，便是"有裨实用"。1929 年舒新城撰《近代中国教育思想史》，称：

> 西艺教育思想持续的时间很短，不过自甲午至清

---

[1] 参见《中华人民共和国教育大事记》70 页，北京：教育科学出版社，1983 年。

末之十余年而已，其当位时代只是庚子至癸卯的四五年间，在教育实际上所生的影响不大。[1]

但如果我们承认同文馆的创设乃西艺思潮的潜伏期、留学教育中西艺始终占主导地位、民国以后西艺思潮逐渐退化为职业教育，那么，很难说"影响不大"。所谓"谋国者对国内主张多设实业学堂，对留学生则限制其专习实业"，并非仅限于西艺"当位"的四五年[2]。大大出乎舒先生的预料，在现代中国，"西艺教育思想"具有极为旺盛的生命力。当初编造"牙科翰林""兽医进士"等笑话者，倘若百年后再生，见到诸如"旅游大学""体育大学"这样的招牌，大概再也笑不出声来。百年中国，高等教育之注重实用，其实是一股强大的潜流，时刻有可能喷出地面，吞没众多"大而无当"的玄思。

以此讲求实用的眼光看待西学，希望汲取的，自是偏于"艺"而非"道"。不管在朝在野，海内海外，居然心同此理。晚清重臣张之洞在其《劝学篇·序》中称："西学亦有别，西艺非要，西政为要。"此语大有见地，可如何与

[1] 舒新城：《近代中国教育思想史》94 页，上海：中华书局，1929 年。

[2] 参阅舒新城《近代中国教育思想史》80—95 页。

其名言"中学为体，西学为用"相衔接？时刻防备"邪说暴行，横流天下"的张大帅，终于还是希望借"明纲""宗经""正权"以"正人心"。至于"以开风气"的《外篇》诸章，主要着眼点依然是农工商兵、矿学铁路等西艺。

1897 年，梁启超撰《变法通议·学校余论》，纵谈如何借鉴西学以改造中国，同样"高屋建瓴"，厚"学"而薄"艺"：

> 今日之学，当以政学为主义，以艺学为附庸。政学之成较易，艺学之成较难；政学之用较广，艺学之用较狭。使其国有政才而无艺才也，则行政之人，振兴艺事，直易易耳。[1]

如此立说，未免低估了学习西政之困难。至于想象有了政才，"振兴艺事，直易易耳"，也只是一厢情愿。避居日本，梁氏方才逐渐意识到"艺学"之不可或缺。《新大陆游记》第四十一节论及游学之事，竟得出了截然相反的结论：

> 宜学实业，若工程矿务农商机器之类。勿专骛哲

---

[1] 梁启超：《变法通议·学校余论》，《时务报》第 36 册，1897 年 8 月。

学文学政治。[1]

对工程矿务一窍不通的任公先生，居然也加入了劝学西艺的大合唱。

晚清以降，不管是封疆大吏，还是一介书生，论及中国走向富强之路，无不把"实学"放在首位。至于西政可能危及政体，西艺则纯然大补、有益无害，更是任何当朝者都不会忽略而又不便明说的秘诀。因而，讲西艺，求实用，有可能得到"举国上下"的支持。可是，正因其近乎"常识"，没必要大张旗鼓地展开讨论，其重要性反而可能被遮蔽。直到1950年代院系调整出乎意料的顺利，方才让后世的史家大吃一惊。

调整后的"大学"，在短时间内，较好地满足了国家经济建设的需求，似乎显得生机勃勃；但其割裂文、理、工、医，以及裁减政法、财经，留下无穷祸害，使得中国的大学理想，几乎倒退了半个世纪。1917年，在《北大二十周年纪念会演说词》中，蔡元培总结中外大学的经验，认定是由易入难循序渐进：

---

[1] 梁启超：《新大陆游记》，《饮冰室合集·专集》第五册130页，上海：中华书局，1932年。

盖兴学之初，目光短浅，重实用而轻学理，人情大抵如此也。[1]

依此类推，中国的大学发展，应逐渐从专为实用转移到注重学理——《大学令》的拟定以及北京大学的改造，正是依此思路展开的。二 30 年代中国的高等教育，确有日渐注重学理的倾向。抗战中，文理各系数量锐减，实用性的教育及工、农、商等大有发展，其中尤以医学增长最快，达到 225%[2]。即便如此，与 50 年代院系调整中只保留十四所综合大学，仍不可同日而语。

50 年代以后大学教育的诸多弊病，主要是政府决策的失误，非校方或教育家所能左右。但浸染日久，习惯已成自然，以至"文革"结束后的"拨乱反正"，不少人仍以恢复"文革"前的大学为目标。实际上，时至今日，"学院"已经纷纷升格为"大学"，可"重实用而轻学理"的倾向依然十分严重。

另一方面，伴随着改革开放的步伐，美国式的大学理想，又重新得到了中国人的承认。除了老北大学生对于牛

---

[1] 《北大二十周年纪念会演说词》，《蔡元培全集》第三卷 115 页。

[2] 参见曲士培：《中国大学教育发展史》538 页。

津、剑桥的向往，以及 20 年代末模仿法国实行大学区的失败尝试，百年中国大学，其"兼采泰西"，大体分为德日—美—苏—美四个阶段，其中尤以美国的影响最为长久，也最为突出。

三、关于"上法三代"

1925 年 4 月，北大校长蔡元培在德国作了题为"中国现代大学观念及教育趋向"的演讲，称对于古代中国的高等教育，"其质与量不能估价过高"，晚清以降，"摆在我们面前的问题，是要仿效欧洲的形式，建立自己的大学"[1]。实际上，自从书院制及科举制被正式废除，中国人对于自家传统教育方式，信心始终不足，不存在"估价过高"的问题。在我看来，20 世纪中国思想文化潮流中，"西化"最为彻底的，当推教育——尤其是高等教育。今日中国的大学，其价值取向及基本路径，乃"University"，而非太学。

要说"与国际接轨"，在中国，步伐最快且效果最为

---

[1] 蔡元培：《中国现代大学观念及教育趋向》，《蔡元培全集》第五卷 7 页，北京：中华书局，1988 年。

明显的，非大学莫属。如此大趋势，自晚清志士之呼吁变法，便已不可逆转。

不管是康、梁，还是二张（张之洞、张百熙），设计学堂章程时，确实都曾"兼采泰西"。至于"上法三代"，基本上是一句空话，原因是，三代的学制谁也说不清。晚清关于兴学的奏折和策论，常常是引一段《礼记》开篇，而后便是外国学堂的介绍。如此"上溯古制，参考列邦"[1]，拟订出来的章程，焉能不"食洋不化"？之所以将明明无法兑现的"上法三代"，搁在迫在眉睫的"旁采泰西"前面，揣测康、张的原意，不外是强调对于传统学术精神的继承。既然如此，何以不标举更为切实可行的宋元明清的书院制度？

就在高谈"上法三代，旁采泰西"的《请饬各省改书院淫祠为学堂折》中，康有为许诺："泰西变法三百年而强，日本变法三十年而强，我中国之地大民众，若能大变法，三年而立。"[2]此等充满激情的策士文字，比起此前顺

---

[1] 参见张百熙：《进呈学堂章程折》，《中国近代教育史资料》上册 196 页。
[2] 康有为：《请饬各省改书院淫祠为学堂折》，《康有为政论集》311—312 页。

天府尹胡燏棻先试点然后"递为推广"的改革方案来[1]，更具诱惑力，难怪皇上马上降旨："即将各省府厅州县现有之大小书院，一律改为兼习中学西学之学校。"[2]戊戌年间的急转弯，虽说翻了车，但书院"一律"改为学堂的思路，却没有就此夭折。变法失败后，慈禧太后曾有懿旨："书院之与学堂，名异实同，本不必另行更改。"[3]可国事日非，大臣纷纷上书，要求尽快养育人才，于是有了1901年的诏令：

> 除京师已设大学堂应切实整顿外，各省所有书院，于省城均改设大学堂，各府厅直隶州均设中学堂，各州府县均设小学堂，并多设蒙养学堂。[4]

至此，实行了一千多年的书院教育制度，便基本退出了历史舞台。四年后，科举制度被取消，新式学堂之一统天下，

---

[1] 1895年胡燏棻《变法自强折》称："应先举省会书院，归并裁改，创立各项学堂"；"数年以后，民智渐开，然后由省而府而县，递为推广，将大小各书院，一律裁改，开设各项学堂"。

[2] 《清帝谕各省府厅州县改书院设学校》，《中国近代教育史资料》上册82页。

[3] 《清实录》五十七册《德宗景皇帝实录》（六）655页，北京：中华书局，1986年。

[4] 《清实录》五十八册《德宗景皇帝实录》（七）420页。

已成定局。

正像教育史家舒新城所说的，"光绪二十四年以后的改革教育论者，并无一人对于书院制等有详密的攻击或批评"[1]。时人之"破旧"，主要针对的是科举取士；至于各式书院之利弊，反而无暇细究。山西巡抚胡聘之等变通书院改革教学的设计[2]，在急剧变化的时局面前，很快显得落伍；陕西巡抚张汝梅等"自筹款项，创建格致实学书院"的主张[3]，也因其耗资巨大无法推广而被搁置；成为晚清教育改革主流的，乃张之洞的从改革传统书院迅速走向兴办西式学堂[4]。对于沿袭千年的书院制度，之所以不求变通，也不愿并存，目的是将原有款项移作兴办学堂之用。不曾认真分辨近在眼前的书院，一味高谈阔论远在天边的

---

[1]　舒新城：《近代中国教育思想史》14 页。

[2]　胡聘之等《请变通书院章程折》（《中国近代教育史资料》上册 69—71 页）既指向"或空谈讲学，或溺志词章"的"书院之弊"，也指向"过尊西学者"的"不探其本，眩于新法，标以西学之名，督以西士之教"。在胡氏看来，后者"势必举中国圣人数千年递传之道术而尽弃之"。撇开价值判断，此等忧虑，并非毫无道理。

[3]　张汝梅等：《陕西创设格致实学书院折》，《中国近代教育史资料》上册 68 页。

[4]　苏云峰的《张之洞与湖北教育改革》（台北：中央研究院近代史研究所，1976）将张的办学经历，划分为四个时期：传统教育整顿时期（1867—1877）、西方认识时期（1877—1884）、西学试办时期（1885—1889）、西学推广时期（1890—1907）。

三代之学，晚清以降的学制改革，当然只能"完全将西洋工业社会的教育制度移植过来"[1]。

积弊已深的传统中国教育，其"无裨实用"，在晚清，成为传播福音的传教士以及寻求富强之路的士大夫集中攻击的靶子。只是在新学制度已经确立的二30年代，有过研究书院的小小热潮[2]。此后，又是长期的沉寂，直到80年代方才有复兴的迹象[3]。即便如此，时至今日，书院教育的现代意义，仍然不被广泛认可。中国的大学，依旧是欧美模式的一统天下。

晚清重要的思想家中，最早对废书院改学堂表示不满的，当推杭州诂经精舍出身的章太炎。1906年，正当时

[1] 舒新城：《近代中国教育思想史》第14页。

[2] 《中国史学论文索引·下编》（北京：科学出版社，1957）收录二30年代关于书院研究的论文五十篇，作者有胡适、柳诒徵、盛郎西、谢国桢、陈东原、梁瓯第、班书阁、吴景贤、王兰荫等。此期间出版的专著有周传儒的《书院制度考》（1929）、盛郎西的《中国书院制度》（1934）和刘伯骥的《广东书院制度沿革》（1939）。

[3] 八90年代出版的书院研究著作有：陈元晖等《中国古代的书院制度》（1981）、章柳泉《中国书院史话》（1982）、张正藩《中国书院制度考略》（1985）、杨慎初等《岳麓书院史略》（1986）、李才栋《白鹿洞书院史略》（1989）、朱汉民《湖湘学派与岳麓书院》（1991）、丁钢《书院与中国文化》（1992）、李才栋《江西古代书院研究》（1993）、李国钧等《中国书院史》（1994）、白新良《中国古代书院发展史》（1995）、陈谷嘉等《中国书院制度研究》（1997）。

俗皆称道"科举废，学校兴，学术当日进"，章氏从"中国学术，自下倡之则益善，自上建之则日衰"立论，对朝廷之使学校成为利禄之途大不以为然[1]。此后三十年，章太炎在不少场合为传统的书院制度辩护，并将其作为批评新式学堂的主要理论武器；与此同时，选择独立讲学的姿态，拒绝进入现代大学体制[2]。与此相类似的，还可以举出马一浮、梁漱溟、熊十力等。

马一浮之所以多次拒绝蔡元培、陈百年的邀请，不愿赴北大讲学，主要原因是"平日所学，颇与时贤异撰"。即便出任探求高深学术的研究院的导师，在马氏看来，也不能接受，理由是："方今学子务求多闻，则义理非所尚。急于用世，则心性非所先。"[3]梁漱溟、熊十力倒是都曾任教北大，可也同样表示不满。1924年夏，梁氏辞去北大教职，到山东曹州中学办学去了；第二年春天，带着失望与忧郁，梁氏重新回到北京。在《致〈北京大学日刊〉函》中，有这么一段话，表明其与现代教育制度的巨大分歧：

[1] 《与王鹤鸣书》，《章太炎全集》第四卷152页，上海人民出版社，1985年。

[2] 参阅笔者《章太炎与中国私学传统》，《学人》第2辑，南京：江苏文艺出版社，1992年。

[3] 参见《致蔡元培》以及《致陈大齐》，《马一浮集》第二卷453页、516页，杭州：浙江古籍出版社、浙江教育出版社，1996年。

旅曹半年，略知办学甘苦，归结所得，弥以非决然舍去学校形式无从揭出自家宗旨。学校制度以传习知识为本，无论招学生聘教员所以示人者如此。而人之投考也应征也所以应之者何莫非如此。而溟宗旨所存则以在人生路上相提携为师友结合之本。[1]

不管是马氏的"平日所学"，还是梁氏之"自家宗旨"，都与传统书院制度较为契合。抗战中，在大后方，马一浮的复性书院，梁漱溟的勉仁书院，加上另一个"新儒家"张君劢的中国民族文化书院，标示着另一种教育理想的正式浮现。

可惜，这几个书院都寿命很短，影响也不太大。50年代初，为了延续此理想，熊十力建议新政权恢复三个私立讲学机关：欧阳竟无创设的支那内学院、马一浮主持的智林图书馆，以及梁漱溟执掌的勉仁书院，目的是"存旧学一线之延"[2]。如此低调的申辩，也都没能获得谅解。一直到改革开放的80年代初，以梁漱溟为院长的中国文化书院方才得以正式成立。可是，即便在其风光八面的80年

---

[1] 《致〈北京大学日刊〉函》，《梁漱溟全集》第四卷800页，济南：山东人民出版社，1990年。
[2] 参见熊十力《论六经》之结语，大众书局，1951年。

代中期，中国文化书院也无法进行常规教育建设；进入90年代，其发展前景更是不容乐观。

在 20 世纪中国，书院之无法生存，有外部环境的压迫，也有其学术理想与实际运作的矛盾。举一个简单的例子，办书院需要资金，章太炎的创立国学讲习会、马一浮的筹办复性书院，都是蒋介石给的钱。没有政府的支持，如何使书院长期运转，不是一件简单的事情。比如，学生的出路，便是个大问题。马一浮与熊十力在规划复性书院发展前景上的矛盾，凸显了书院在现代社会的窘境。熊提出多招生，经费由国家负责，学生也应该给出路；马则强调书院独立于现行学制系统，不必授予学生任何资格，"几曾见程朱陆王之门有发给文凭之事"？[1] 在《告书院学人书八》中，马一浮称：

> 书院以义理为宗，当思接续圣贤血脉。既绝禄利之途，亦非要誉之地。若浮慕虚声，不知切己用力，则在难与共学之列。[2]

[1] 参见马镜泉等：《马一浮评传》83 页、95 页，南昌：百花洲文艺出版社，1993 年。

[2] 《告书院学人书八》，《中国现代学术经典·马一浮卷》616 页，石家庄：河北教育出版社，1996 年。

马氏的理想固然高超，只是长此以往，书院生源必定难以为继。教育家之不同于思想家，在其于合理性外，不能不考虑可行性。只讲义理修养，丝毫不顾及学生的世俗生活，作为教育家，不能说是尽职的；可反过来，过多考虑学生的出路，又很容易重蹈新式学堂的覆辙，成为"禄利之途""要誉之地"。

这里有政府不可推卸的责任。学者对于真理及学问的探求，可以而且必须不计名利；可这不能成为政府放弃表彰学术、扶植教育的借口。不妨借用美国总统西奥多·罗斯福1905年在哈佛大学发表的演讲：

> 我很欣赏的事实是，所有最高尚的工作，无论如何绝不受任何报酬问题的影响。……然而，作为一个民族，倘若根本没有制订任何条款来保证对学者的成就进行奖励，我们对他们的成就就很不尊重，结果就不可能激励学者们的事业心，反而产生负效应，这也是事实。[1]

---

[1]　转引自亨利·罗索夫斯基《美国校园文化》（谢宗仙等译，济南：山东人民出版社，1996）162页。

当然，书院教育之所以显得如此"不合时宜"，主要还是源于本世纪中国学人普遍流行的"喜新厌旧"。

与章太炎等人排斥新式学堂的决绝姿态不同，历来比较稳妥的梁启超，建议兼采新旧，在新式学堂中实行自由讲座制。梁氏首先批评近世学校教育的两大缺点。第一："各科皆悬一程准，课其中程不中程。虽智力体力较劣下者，非勉及于程焉不可；其优异者亦及程而止，程以上弗授也。"梁氏断言："此种'水平线式'的教育，实国家主义之产物。"第二："其学业之相授受，若以市道交也。"至于自由讲座制的具体实施，则有如下规划：

> 此种组织，参采前代讲学之遗意而变通之。使学校教师学生三者之间，皆为人的关系，而非物的关系。……如此则教育不至为"机械化"，不至为"凡庸化"。社会上真面目之人才，或可以养成也。[1]

大概是为了实践自己的诺言，梁启超慨然出任清华国学研究院的导师，希望"在这新的机关之中，参合着旧的精神"。具体说来，便是"一面求智识的推求，一面求道术

---

[1] 梁启超：《自由讲座之教育》，《改造》第 3 卷 7 号，1921 年 3 月。

的修养，两者打成一片"。可两年多后，梁氏不得不承认理想落空：上课下课，"多变成整套的机械作用"；师生之间，"除了堂上听讲外，绝少接谈的机会"[1]。

正像以提高社会格调、净化民族心灵为目标的老牛津大学，在 1852 年被纽曼理想化时，已经近于灭绝；以文科和理科研究生院为中心的"现代大学"，在 1930 年得到弗莱克斯纳满腔热情的赞赏时，也正面临巨大的挑战。历史的流逝，比观察者的笔墨要迅速而且冷酷得多[2]。章太炎等人对传统书院的理想化诠释，很可能也是"此情可待成追忆，只是当时已惘然"。

重建书院的努力，虽则基本上落了空；但将书院精神引进现代的大学体制，则颇有成效。1924 年，清华校长曹云祥向胡适请教如何创办研究院，于是，"胡氏略仿昔日书院及英国大学制，为研究院绘一蓝图"[3]。蓝文徵的回忆大致可信。1925 年 3 月 6 日，清华学校校务会议通过的《研究院章程》，其中第六章"研究方法"第一则称：

---

[1] 参见丁文江等：《梁启超年谱长编》1138—1139 页，上海人民出版社，1983 年。

[2] 参见克拉克·克尔：《大学的功用》（陈学飞等译，南昌：江西教育出版社，1993）1—5 页。

[3] 蓝文徵：《清华大学国学研究院始末》，《清华校友通信》新卅二期，1970 年 4 月。

本院略仿旧日书院及英国大学制度：研究之法，注重个人自修，教授专任指导，其分组不以学科，而以教授个人为主，期使学员与教授关系异常密切，而学员在此短时期中，于国学根柢及治学方法，均能确有所获。[1]

同年，胡适的好友、同样留美归来的陈衡哲、任鸿隽夫妇联名发表《一个改良大学教育的提议》，特别标举中国的书院精神，希望将其与欧美大学制度相结合：

我们以为当参合中国书院的精神和西方导师的制度，成一种新的学校组织。中国书院的组织，是以人为中心的，往往一个大师以讲学行谊相号召，就有四方学者翕然从风，不但学问上有相当的研究，就是风气上也有无形的转移，如朱文公的白鹿洞、胡安定的湖州，都是一例。但是书院的组织太简单了，现在的时代，不但没有一个人可以博通众学，满足几百千人的希望，而现在求学的方法，也没有一人而贯注几百人的可能。要补救这个缺点，我们可以兼采西方的导

---

[1] 《研究院章程》，《清华周刊》第 360 期，1925 年 11 月。

师制。就是一个书院以少数教者及少数学者为主体；这个书院的先生，都有旧时山长的资格，学问品行都为学生所敬服，而这些先生也对于学校（生）的求学、品行两方面，直接负其指导陶熔的责任。[1]

取大学管理之组织与书院教学之精神，二者合而为一，这一主张，同上述梅贻琦《大学一解》中的说法，倒是不谋而合。

中西教育观念的差别，依晚清以来通行的说法，后者重知识传授，前者重人格修养。"新学校兴起，则皆承西化而来。皆重知识传授，大学更然。一校之师，不下数百人。师不亲，亦不尊，则在校学生自亦不见尊。所尊仅在知识，不在人。"[2] 所谓"吾爱吾师，吾尤爱真理"，针对传统中国的师道尊严，曾博得国人一片掌声。可很快地，教育学家发现此种只重知识不尊师长的潮流，也有不小的流弊。为师的不自尊，求学的不重道，所谓"全人格的教育"，根本无法落实。于是，"教书""育人"并重的观念，重新得到张扬。书院制的优势，终于引起有识之士的重视。

---

[1] 陈衡哲、任鸿隽：《一个改良大学教育的提议》，《现代评论》第 2 卷 39 期，1925 年 9 月。

[2] 钱穆：《现代中国学术论衡》168 页，长沙：岳麓书社，1986 年。

不只是钻研高深学术的研究院，也不只是传统深厚的人文学科，在清华大学校长梅贻琦看来，大学精神之所寄，在于教师之树立楷模与学子之自谋修养。时人乐于传诵梅校长的名言，"所谓大学者，非谓有大楼之谓也，有大师之谓也"，却不大追究这句话的真正内涵。对于大学来说，"大师"之所以至关重要，不只是因其学识渊博，智慧超群，更因其可以为学生提供追摹的目标。"我们的智识，固有赖于教授的教导指点，就是我们的精神修养，亦全赖有教授的 inspiration。"[1] 这一思路，在 40 年代初的《大学一解》中，得到更加精彩的发挥：

> 古者学子从师受业，谓之从游，孟子曰，"游于圣人之门者难为言"，间尝思之，游之时义大矣哉。学校犹水也，师生犹鱼也，其行动犹游泳也，大鱼前导，小鱼尾随，是从游也。从游既久，其濡染观摩之效，自不求而至，不为而成。反观今日师生之关系，直一奏技者与看客之关系耳，去从游之义不綦远哉！[2]

---

[1] 梅贻琦：《就职演说》，《国立清华大学校刊》第 341 号，1931 年 12 月。

[2] 梅贻琦：《大学一解》，《清华学报》第 13 卷 1 期，1941 年 4 月。

此语若出于章太炎、梁启超，或者马一浮、梁漱溟，一点也不奇怪；而出之于中国最为西化的清华大学校长之口，则非同寻常。尽管没有直接的材料可供佐证，我仍然认定，梅氏的以上论断，与其西南联大时期的经验大有关系。阅读《笳吹弦诵情弥切——国立西南联合大学五十周年纪念文集》（中国文史出版社，1988），以及众多有关西南联大的著述，确能感受"大鱼前导，小鱼尾随"的"从游"之雅。抗战中颠沛流离的日常生活，以及整个民族自强不息的精神状态，使不少留学生对传统文化有了新的认识——教育领域中书院制的重新浮出海面，与此密切相关。

可惜的是，这一难得的历史契机，并没被很好抓住。随后而来的内战炮火，使得融会贯通中西教育观念的野心再次瓦解。50 年代以后的历次教育改革，书院制的优势，始终未得到足够的重视。

书院之自筹经费、自定章程，注重因材施教，鄙薄标准化教学，强调道德气节的修养，突出师生的情感交流等，使其容易形成相对独立的学风。但不管是章太炎还是梅贻琦，都明白传统书院无法取代正规的大学教育。就在对现代大学制度痛下针砭的《救学弊论》中，太炎先生也不得不网开一面："为物质之学者，听参用远西书籍"；"治国际法，亦任参以远西书籍授之"[1]。晚年的章太炎，倾全力办书院、组学会，已将目标缩小为"扶微业辅绝学"，而不再是正面挑战现代教育制度[2]。

将章太炎与梅贻琦两代人的眼光重叠起来，思考传统书院在现代中国的命运，或许有利于未来大学的发展。

四、敢问路在何方？

回到本文开篇提出的问题：到底是在"百年"还是在"四千年"的历史时段中讨论中国的大学。倘若承认"兼采泰西"与"上法三代"之间的张力，构成了本世纪中国大学发展的主线，那么，其与汉唐太学、明清书院的差距，便不言而喻。

也只有在百年中国的叙事框架中，有些长久困扰学界的问题，才能得到比较合理的解释。比如，晚清以降教育的急功近利与缺乏长远打算、要求教育为现实政治乃至党派利益服务、教育经费在国民生产总值中所占比重低下等，都不是传统中国的特色。

---

[1] 《救学弊论》，《章太炎全集》第五卷102页，上海人民出版社，1985年。
[2] 《国学会会刊宣言》，《章太炎全集》第五卷158页。

百年中国大学，值得说的，实在太多了。比起竞争激烈的中小学教育（合理不合理另说），大学没有严格的检测标准，几乎是办好办坏一个样——从没听说过哪所大学的教育失败（或曰"破产"）。以目前中国的经济实力与决策方针，很长时间内，大学教育仍是卖方市场——进大学难，无形中掩盖了大学设计及管理中的众多问题。这里有政府的责任，有民间的责任，也有校长、教授们的责任。在这个意义上，作为学术课题的"大学"，不仅仅属于高教研究所，而是属于所有以天下为己任的中国知识分子。

或许有一天，蔡元培的大学理想——中国传统的孔墨精神，加上英之人格教育、德法之专深研究、美之服务社会——能够真正实现；但在此之前，如何协调西方体制与传统精神、政府行为与民间学术、人文修养与专才教育、大学规模与教学水平、思想自由与兼容并包，乃至大学的结构与主体、功用与义务等，随便提出一句，均值得学者们"大书特书"。

对于我心目中的这篇"大文章"，本文只能权作"课题说明"。倘若有朋友迫不及待，非要追问路在何方，我只好开诚布公地回答：不知道。正因为不知道路在何方，方才有必要抛砖引玉。近几年，若干所中国最好的大学纷纷庆祝百年诞辰。很希望借此机遇，好好反省中国的"大学之道"，而不只是沉醉于"一路凯歌"。

记得德国思想家雅斯贝尔斯曾将大学生活界定为"永无止境的精神追求"[1]，但愿关于中国大学传统及现状的研究，也不例外。

1997 年 12 月 15 日于京北西三旗

（初刊《学人》第十三辑，江苏文艺出版社，

1998 年 3 月；曾收入复旦大学出版社 2002 年版

《中国大学十讲》）

---

[1] 雅斯贝尔斯著，邹进译：《什么是教育》140 页，北京：三联书店，1991 年。

大学之道

——书院与 20 世纪中国教育

　　20 世纪中国思想文化潮流中，"西化"最为彻底的，当推教育——尤其是高等教育。今日中国之大学，其价值趋向与基本路径，乃舶来品的"University"，而非古已有之的太学。因而，尽管教育史家喜欢谈论"四千年的中国大学教育"，古今中外"大学"之巨大差异，依然使得二者很难同日而语。这其实正是本世纪中国大学教育的困境所在：成功地移植了西洋的教育制度，却谈不上很好地继承中国人古老的"大学之道"。

　　积弊已久的传统中国教育，其"无裨实用"，在晚清，成为传播福音的传教士和寻求富强的士大夫集中攻击的靶子。时人之"破旧"，主要攻击的是科举取士；至于各式书院之利弊得失，反而无暇细究。只是在新学制已经创立的二 30 年代，有过研究书院的小小热潮。此后，又是长期的沉寂，直到 80 年代方才有复兴的迹象[1]。可即便如此，今日中国的大学，依旧是欧美模式的一统天下。这就难怪 Ruth Hayhoe 在描述百年中国大学教育历程时，用了一个惊心动魄的断语："欧洲大学的凯旋。"[2]

但这不等于说，本世纪中国的教育家，不曾有过借鉴书院教学、发扬传统教育精神的愿望与努力。本文借钩稽康有为、章太炎、唐文治等十位身兼教育家的学问家或政治家融会中西教育的尝试，探讨精神渗透与制度建设之间的巨大张力，力图为 21 世纪中国大学的健康成长提供也许是不可或缺的思想资源。

---

[1] 《中国史学论文索引·下编》（北京：科学出版社，1957）收录二 30 年代关于书院研究的论文五十篇，作者有胡适、柳诒徵、盛郎西、谢国桢、陈东原、梁瓯第、班书阁、吴景贤、王兰荫等。此期间出版的专著有周传儒的《书院制度考》（1929）、盛郎西的《中国书院制度》（1934）和刘伯骥的《广东书院制度沿革》（1939）。八 90 年代出版的书院研究著作有：陈元晖等《中国古代的书院制度》（1981）、章柳泉《中国书院史话》（1982）、张正藩《中国书院制度考略》（1985）、杨慎初等《岳麓书院史略》（1986）、李才栋《白鹿洞书院史略》（1989）、朱汉民《湖湘学派与岳麓书院》（1991）、丁钢《书院与中国文化》（1992）、李才栋《江西古代书院研究》（1993）、李国钧等《中国书院史》（1994）、白新良《中国古代书院发展史》（1995）、陈谷嘉等《中国书院制度研究》（1997）。

[2] 参见 Ruth Hayhoe 所著的 *China's University*，1895—1995：*A Century of Cultural Conflict*（Garland Publishing, Inc., New York, 1996）第一章。

一、书院之远逝

废科举，开学堂，育人才——这几乎是晚清志士的共同思路。分歧在于具体策略，尤其是如何看待源远流长的书院。"时局多艰，需材尤急"，无法生产坚船利炮的书院，其教学宗旨及培养方案，非改不可。于是，出现了三种颇有差异的选择：

（1）整顿书院，增加西学课程（胡聘之等）；

（2）保留书院，另外创设讲求实学的新式书院或学堂（廖寿丰等）；

（3）请皇上发布诏书，"将公私现有之书院、义学、社学、学塾，皆改为兼习中西之学校"（康有为等）。[1]

取消书院，以便集中人力财力，发展新教育，这一"兴学至速之法"，从郑观应最早提出，迭经胡燏棻、李端棻、康有为等的一再奏请，终于成为最高统治者的谕令，通行

---

[1] 参见胡聘之等《请变通书院章程折》、廖寿丰《请专设书院兼课中西实学折》、张汝梅等《陕西创设格致实学书院折》、康有为《请饬各省改书院淫祠为学堂折》及《清帝谕各省府厅州县改书院设学校》，均见舒新城编：《中国近代教育史资料》上册，北京：人民教育出版社，1961年。

全国。其间虽有反复，但秋风日紧，大树飘零已成定局。

科举取士与书院教学，二者既有联系，但更有差别。明清两代，科举制度受到不少有识之士的猛烈抨击；到了19世纪末，更成了中国落后挨打的"罪魁祸首"。可以说，取消科举取士制度，起码在学界，已有长期的理论思考与舆论准备。而废除书院的决策，则是匆促做出的，朝野上下，并没有认真讨论过。当初之所以如此决断，主要是为了应急——将原有款项移作兴办学堂之用，以便尽快培养出可以"富国强兵"的"有用之才"。这就出现了一个令后世史家深感困惑的局面：历来习惯迈四方步的中国人，突然间一路小跑，甩掉了沿用千年的书院制度，而且不吭一声。正像教育史家舒新城所抱怨的，"光绪二十四年以后的改革教育论者，并无一人对于书院制度等有详密的攻击或批评"[1]。这里的"并无一人"，乃激愤之言。实际上，有过个别的抗争，只不过人单力薄，无济于事。比如，章太炎便对如此"急功近利"的"兴学"，等于怂恿朝廷统揽教育大权、催逼教育全面西化，有相当激烈的批评[2]。

单就口号而言，晚清以降，教育改革的倡导者，几乎

[1] 舒新城：《近代中国教育思想史》14 页，上海：中华书局，1929 年。

[2] 参见拙作《章太炎与中国私学传统》，《学人》第二辑，江苏文艺出版社，1992 年。

没有主张"全盘西化"的。康有为坚持将"上法三代"放在"旁采泰西"之前,张百熙也是先"上溯古制",后才"参考列邦"[1]。可这些沟通中西的努力,最后都基本上落空。翻阅晚清及民国的各种学制,除了在"宗旨"部分表达维护传统伦理道德的强烈愿望外,制度建设方面几乎只能"旁采泰西"。原因是,上古学制的准确面目,今人难以把握,更谈不上将其道入晚清的学制创新。北大校长蔡元培另出新招,希望以"孔墨教育之精神",来补充欧美大学体制;清华校长梅贻琦则重提"大学之道,在明明德,在新民。在止于至善"[2]——可这都是 20 年代以后的事,其时书院已经逐渐隐入历史深处。

清末民初的教育改革家宁愿纵论缥缈含糊的"三代之学",而不想涉及近在眼前的书院之利弊得失,可能有不得已的苦衷,比如,不愿意"穿新鞋走老路",或者担心旧体制因而"藕断丝连"等。可这么一来,传统中国的教育精神,被高悬云端,无法介入本世纪初极富激情与想象

---

[1] 参见康有为《请饬各省改书院淫祠为学堂折》和张百熙《进呈学堂章程折》,均见《中国近代教育史资料》上册。

[2] 参见蔡元培《在卜技利中国学生会演说词》(《蔡元培全集》第四卷 65 页,北京:中华书局,1984)和梅贻琦《大学一解》(《清华学报》第 13 卷 1 期,1941 年 4 月)。

力的制度创新。只是在新学制已经完全确立，书院基本上退出历史舞台，教育家们方才回过神来，对书院的黯然退场表示极大的遗憾。比如，以提倡新文化著称的胡适便如此大发感慨：

> 书院之废，实在是吾中国一大不幸事。一千年来学者自动的研究精神，将不复现于今日。[1]

大略与此同时，胡适的好友、同样留美归来的陈衡哲、任鸿隽夫妇联名发表《一个改良大学教育的提议》，特别标举中国的书院精神，希望将其与欧美大学制度相结合：

> 我们以为当参合中国书院的精神和西方导师的制度，成一种新的学校组织。中国书院的组织，是以人为中心的，往往一个大师以讲学行谊相号召，就有四方学者翕然从风，不但学问上有相当的研究，就是风气上也有无形的转移，如朱文公的白鹿洞，胡安定的湖州，都是一例。但是书院的组织太简单了，现在的时代，不但没有一个人可以博通众学，满足几百千人

---

[1] 胡适：《书院制史略》，《东方杂志》第 21 卷 3 期，1924 年 2 月。

的希望，而现在求学的方法，也没有一人而贯注几百人的可能。要补救这个缺点，我们可以兼采西方的导师制。就是一个书院以少数教者及少数学者为主体；这个书院的先生，都有旧时山长的资格，学问品行都为学生所敬服，而这些先生也对于学校（生）的求学、品行两方面，直接负其指导陶熔的责任。[1]

取大学管理之组织与书院教学之精神，二者合而为一，这一主张，同上述梅贻琦《大学一解》中的说法，倒是不谋而合。

胡、梅、陈、任诸君，均为留美学生，尚且对即将远去的书院"依依不舍"，那些在国内完成学业者，当更有感触。出身杭州诂经精舍的章太炎激烈抨击朝廷一律废书院改学堂的决策，以及江阴南菁书院出身的唐文治之独力创办无锡国学专修馆，都与其学术背景大有关联。至于谢国桢、金景芳、钱仲联等之大力表彰书院教学传统，也与其早年追随梁启超或就读复性书院、无锡国专密不可

---

[1] 陈衡哲、任鸿隽：《一个改良大学教育的提议》，《现代评论》第 2 卷 39 期，1925 年 9 月。

分 [1]。可所有这些，均只是个人行为，其规模与效果，无法与当初摧枯拉朽的学制创新相比拟。

"此情可待成追忆，只是当时已惘然。"擅长"以史为鉴"的中国学人，在追怀日益远逝的书院的同时，开始"补偏救弊"。于是，为 20 世纪中国高等教育，提供了一道不太耀眼但也无法完全漠视的"风景线"。那便是：借书院改造大学，或重建已经失落的书院。

二、借鉴书院的努力

晚清的教育改革，康梁师徒无疑是最为积极的参与者。不只因其大力提倡，促成了书院改学堂诏令的颁发，更因其办学实践——广州的万木草堂和湖南的时务学堂，凸显了从传统书院向现代学堂的过渡。

康有为之讲学万木草堂（1891—1898），以孔学、佛学、宋明理学为本，以史学、西学为用，课程设置及教学方式

---

[1] 参见谢国桢《近代书院学校制度变迁考》（《张菊生先生七十生日纪念论文集》，上海：商务印书馆，1937）、金景芳《从抗日战争时期的复性书院谈起》（《岳麓书院一千零一十周年纪念文集》第一辑，长沙：湖南人民出版社，1986）和钱仲联《无锡国专的教学特点》（《文教资料》1985年 2 期）。

颇多创新之处。弟子梁启超《南海康先生传》第三章"修养时代及讲学时代"的概括不无道理：

> 中国数千年无学校，至长兴学舍，虽其组织之完备，万不逮泰西之一，而其精神，则未多让之。其见于形式上者，如音乐至兵式体操诸科，亦皆属创举。[1]

万木草堂之"中西合璧"，很可能并非自觉的追求。康氏的理想，乃全力以赴追摹西方，只是囿于主事者的知识结构，方才弄得这般"半中不西"。之所以如此立说，因《大同书》中对"大学院"的设计，传统书院的影子荡然无存。康氏心目中"大同之时"的大学，最关键的几条，如"无一业不设专门，无一人不有专学""虽有事于虚文，而必从事于实验""农学设于田野，商学设于市肆，工学设于作厂，矿学设于山颠，渔学设于水浜，政学设于官府""二十岁学成，给卒业证书而出学，听其就业"等[2]，都与传统书院的教育精神背道而驰。

　　只能说是"无心插柳柳成荫"，康氏万木草堂之中西

---

[1] 梁启超：《南海康先生传》，《清议报》第 100 册，1901 年 12 月。

[2] 康有为：《大同书》己部第六章，北京：古籍出版社，1956 年。

合璧，其新旧体制及精神的诸多缠绕纠葛，值得教育史家认真探究。弟子梁启超的筹办湖南时务学堂（1897—1898），基本上是依样画葫芦。《时务学堂学约》之强调立志、养气、治身、读书、穷理、学文、乐群、摄生、经世、行教[1]，不完全是康师家法，夹杂了一些"湖湘学派"的气味，大概是为了"在变通损益中获得其生存权"[2]。但《时务学堂功课详细章程》对读书法及具体科目的设计[3]，则明显来自万木草堂。至于教学效果，则不妨借用杨树达的《时务学堂弟子公祭新会梁先生文》：

> 惟我楚士，闻风激扬。乃兴黉舍，言储栋梁。礼延我师，自沪而湘。济济多士，如饥获粮。其诵维何？孟轲公羊。其教维何？革政救亡。士闻大义，心痛国创。拔剑击柱，踊跃如狂。夫子诏我，摄汝光芒。救国在学，乃惟康庄。[4]

---

[1] 《湖南时务学堂学约》，《饮冰室合集·文集》第二册，上海：中华书局，1936年。

[2] 参阅杨念群：《儒学地域化的近代形态》第八章，北京：三联书店，1997年。

[3] 《时务学堂功课详细章程》，《中西学门径书七种》，上海：大同译书局，1898年。

[4] 杨树达：《时务学堂弟子公祭新会梁先生文》，《积微翁回忆录·积微居诗文钞》，上海古籍出版社，1986年。

时务学堂的外课生李肖聃撰有《星庐笔记》，称："万木草堂教法，颇张陆、王而抑程、朱。梁终身守师说不变。"[1] 我想补充的是，这里所说的"守师说"，不只是论学宗旨，更应该包括课程设计与教学方法。

二十多年后，已经退出政界一心讲学的梁启超，希望在新式学堂中实行自由讲座制。理由是，近世学校教育有两大缺点：第一，"此种'水平线式'的教育，实国家主义之产物"；第二，"其学业之相授受，若以市道交也"。至于自由讲座制的具体实施，则有如下规划：

> 此种组织，参采前代讲学之遗意而变通之。使学校教师学生三者之间，皆为人的关系，而非物的关系。……如此则教育不至为"机械化"，不至为"凡庸化"。社会上真面目之人才，或可以养成也。[2]

大概是为了实践自己的诺言，梁启超慨然出任清华研究院国学门的导师，希望"在这新的机关之中，参合着旧的精神"。具体说来，便是"一面求智识的推求，一面求道术

---

[1] 李肖聃：《星庐笔记》39 页，长沙：岳麓书社，1983 年。

[2] 梁启超：《自由讲座之教育》，《改造》第 3 卷 7 号，1921 年 3 月。

的修养，两者打成一片"。可两年多后，梁氏不得不承认理想落空：上课下课，"多变成整套的机械作用"；师生之间，"除了堂上听讲外，绝少接谈的机会"[1]。

紧跟时代步伐的梁启超，其谈论"自由讲座制"，并非一时冲动，很可能是基于早年就读万木草堂以及执教时务学堂的经验。如果说康梁师徒是从明清书院传统里冲杀出来，其谈论教育，自然而然地带有书院的印记；蔡元培、胡适则是在建立现代大学的过程中，意识到某种沟通整合东西方教育精神的机遇，方才回过头来，重新评价已经失落了的书院。

蔡元培之留学德国与胡适的就读美国，都给其教育生涯打下了深深的烙印。归国办教育，蔡、胡均以欧美大学为样板。而对于传统中国的教育体制及精神，跟绝大部分新文化人一样，蔡、胡二位其实并不十分看好[2]。只是出于某种特殊因缘，比如"道尔顿制"的引进，或创办研究

[1] 参见丁文江等：《梁启超年谱长编》1138—1139 页，上海人民出版社，1983 年。

[2] 1925 年 4 月，北大校长蔡元培在德国做了题为"中国现代大学观念及教育趋向"的演讲，称对于古代中国的高等教育，"其质与量不能估价过高"，晚清以降，"摆在我们面前的问题，是要仿效欧洲的形式，建立自己的大学"（《蔡元培全集》第五卷 7 页）。实际上，自从书院制及科举制被正式废除，中国人对于自家传统教育方式，信心始终不足，不存在"估价过高"的问题。

院的需要，书院的身影及魅力，方才被认真关注。

为了落实"大学为纯粹研究学问之机关"的办学宗旨，蔡元培出长北大后，极力推进研究院的创设。1918 年拟设的各门研究所，终因经费缺乏而搁浅。1921 年 11 月 28 日，蔡元培向北京大学评议会提出《北大研究所组织大纲提案》，获得了通过；第二年 1 月，研究所国学门正式成立。"研究所仿德、美两国大学之 Seminar 办法，为专攻一种专门知识之所。"[1] 这一表述，与三四年后胡适为清华学校设计研究院的思路，似乎不太一致。可要是考虑到蔡校长 1922 年郑重其事地向学界推荐《湖南自修大学组织大纲》，就不难明白其中的联系。《湖南自修大学组织大纲》第一章"宗旨及定名"称：

> 本大学鉴于现在教育制度之缺失，采取古代书院与现代学校二者之长，取自动的方法，研究各种学术，以期发明真理，造就人才，使文化普及于平民，学术周流于社会。[2]

---

[1] 《公布北大〈研究所简章〉布告》，《蔡元培全集》第三卷 439 页，北京：中华书局，1984 年。

[2] 《湖南自修大学组织大纲》，《新教育》第 5 卷 1 期，1922 年 8 月。

蔡先生之所以对此"宗旨"大有好感，皆因感慨于"近二十年来，取法欧美，建设学校；偏重分班授课、限年毕业之制。书院旧制，荡然无存"，故寄希望于"合吾国书院与西洋研究所之长而活用之"[1]。

1925 年 3 月 6 日，清华校务会议通过《研究院章程》，称"近岁北京大学亦设研究所"，故决定"延名师，拓精舍，招海内成学之士"。其"研究方法"九例，第一曰："本院略仿旧日书院及英国大学制度：研究之法，注重个人自修，教授专任指导，其分组不以学科，而以教授个人为主，期使学员与教授关系异常密切，而学员在此短时期中，于国学根柢及研究方法，均能确有收获。"[2] 此研究院的基本设计，很可能出自北大教授胡适。

据 1928 年毕业于清华研究院国学门的蓝文徵称，清华校长曹云祥请胡适帮助设计研究院的组织结构与发展方向，于是：

> 胡氏略仿昔日书院及英国大学制，为研究院绘一蓝图，其特点为置导师数人（不称教授），常川住院，

[1] 《湖南自修大学介绍与说明》，《蔡元培全集》第四卷 247 页。
[2] 《研究院章程》，《清华周刊》第 360 期，1925 年。

主讲国学重要科目，指定研究生专题研究，并共同治校；置特别讲师，讲授专门学科。后来研究院的规章，大致即本此蓝图。[1]

我以为，此说大致可信。适之先生自 1917 年进入北大任教，随即积极参与研究所的筹备与创设，与蔡校长多有交流。更重要的是，1923 年底，胡适应邀在南京东南大学做题为"书院制史略"的演讲，其中借书院改造现代大学的思路，与传说中第二年为清华研究院所做的规划不无共通之处：

我为何讲这个题目？因为古时的书院与现今教育界所倡的"道尔顿制"精神大概相同。一千年以来，书院实在占教育上一个重要位置，国内的最高学府和思想的渊源，唯书院是赖。盖书院为我国古时最高的教育机关。所可惜的，就是光绪变政，把一千年来书院制完全推翻，而以形式一律的学堂代替教育。要知我国书院的程度，足可以比外国的大学研究院。譬如

[1] 蓝文徵：《清华大学国学研究院始末》，《清华校友通讯》新卅二期，1970 年 4 月；此文收入《谈陈寅恪》，台北：传记文学出版社，1978 年。

南菁书院，它所出版的书籍，等于外国博士所做的论文。书院之废，实在是吾中国一大不幸事。一千年来学者自动的研究精神，将不复现于今日。

在胡适看来，所谓的"书院的精神"大致有三：代表时代精神；讲学与议政；自修与研究。而最后一点尤为重要，因其"与今日教育界所倡道尔顿制的精神相同"[1]。

据蓝文徵称，胡适不只为清华研究院绘制蓝图，还推荐梁启超、王国维、章太炎为师。梁、王二君日后果然执教清华研究院国学门，并在短短几年内培育了文史研究界的一代英才；章太炎却不然，始终却聘。与民国初年的拒绝进入北京大学一样，章氏之桀骜不驯，所表达的，不是对具体人事、而是对整个制度的抗争。

胡适因传统书院与道尔顿制"精神相同"而加以推崇，这一发现并表彰书院的思路，绝非章太炎所能赞同。从1906年发表《与王鹤鸣书》，章太炎对政府之推行新学堂，始终抱怀疑态度。章氏立论鲜明且一以贯之，即强调教育必须考虑本国文化特性，不能全盘照搬欧美；朝廷之废书院改学堂，侵占了私学的生存空间，很容易导致民间学术

---

[1]　胡适：《书院制史略》，《东方杂志》第 21 卷 3 期，1924 年 2 月。

的萎缩，进而剥夺在野之士"著书腾说，互标新义"的权利；学校教育之"专重耳学，遗弃眼学"，过求速悟，不讲虚心切己体察穷究，于学生日后之治学危害极大；学生才性不一，教师只管大班讲授，而非因材施教，实在是糟蹋人才[1]。正是有感于此，章氏始终拒绝进入现代大学体制，而是模仿古代大儒之设帐讲学。

太炎先生前两次的讲学（东京和北京），与政治生涯纠结在一起，近乎"业余爱好"。进入 30 年代，章氏完全退出政坛，主要精力集中在讲学与著述。而创办苏州章氏国学讲习会（1935—1936），更是直接将其教育理想付诸实践。

与此相类似，马一浮也拒绝了北大等名校的盛情聘请，选择独立讲学的姿态。可是，在 20 世纪中国，思想革命与知识生产的重心，在大学而不是古老的书院。大儒的个人魅力，化解不了制度之强大压力。马一浮之创办复性书院（1939—1947），所面临的种种困难，与章氏国学讲习会大致相同。

问题非常明晰，不必曲里拐弯：第一办学经费，第二

---

[1] 参阅拙著《中国现代学术之建立——以章太炎、胡适之为中心》第二章，北京大学出版社，1998 年。

学生出路。办书院需要资金，章太炎的创立国学讲习会、马一浮的筹办复性书院，都是蒋介石以私人名义给的钱。没有政府的支持，如何使书院长期运转，这不是一件简单的事情。而拿了政府的钱（无论是以什么形式），所谓"完全独立"，只能是说说而已。因为，政府一旦感觉到书院之标榜"独立自主"危及其对意识形态的有效控制，只要取消"馈赠"，很快就能"天下太平"。至于学生出路，更是个大问题。不接受教育部的领导，不与现行学制"接轨"，学生便没有证明其知识与能力的"文凭"。马先生说得没错，"几曾见程朱陆王之门有发给文凭之事"？[1] 可在讲求学历的现代社会，没有文凭，即便有名师的推荐，也不见得能找到合适的工作。在工具理性占主导地位的今日，一切讲究"符合程序"，那些学有专长且特立独行之士，还能获得大家的普遍尊重吗？还能凭借自身能力得到固定的饭碗吗？倘若章、马希望他们的书院能够长期办下去，便不能不考虑这些形而下的问题——好在这两个书院存在时间不长，而且招生人数也不多。

章太炎、马一浮都是明白人，并非对西洋学术一无所

---

[1] 参见马镜泉等：《马一浮评传》95 页、83 页，南昌：百花洲文艺出版社，1993 年。

知，而是希望砥柱中流，为往圣继绝学。如此拒绝进入现行体制，注定其办学不可能成为社会关注的热点。只是放长远点，这种抵抗流俗的姿态，未必没有意义——这还不包括其各自代表的学术思潮。

对传统书院大有好感，可又能顺从潮流，不像章、马那么固执己见，非要与现代大学制度对立的，可以举出唐文治和钱穆。前者 1920 年创建无锡国学专修馆，励精图治十年，于 1928 年通过考核调查，被批准立案；1930 年得教育部令改名无锡国学专修学校。1950 年因经费支绌被合并，取消建制。三十年间，无锡国专校友约一千七八百，其中不乏文史研究的杰出人才，如早期学生王蘧常、唐兰、吴其昌、蒋天枢、钱仲联，后期学生马茂元、周振甫、冯其庸等。

无锡国专的教学很有特色，除了规定课程并按时上课，不取传统书院的讲学制，还有点现代学堂的样子外，其课程设置及讲课方式，均与一般大学中文系不同。比如，选读原著，不做通论；重在自学，课程不多；练习诵读，重视文言文的写作；师生关系极为密切[1]。既被纳入新教

[1] 参见钱仲联《无锡国专的教学特点》、黄汉文《缅怀唐文治先生》、吴雨窗《唐调》等，均见《文教资料》1985 年 2 期。

育体制，而又能保持自己的特色，无锡国专的这一独特命运，与国民政府尊孔读经的文化政策有关。1931 年 11 月国际联合会教育科派唐克尔·培根来华考察教育，参观过无锡国专后大发感慨："我们来中国看过很多学校，读的是洋装书，用的是洋笔，充满洋气。这里才看到纯粹中国文化的学校，才看到线装书和毛笔杆。"[1] 这段常被唐校长引述的妙语，自然可以有多种读法。但无论如何，与无锡国专"研究本国历代文化，明体达用，发扬光大，期于世界文化有所贡献"的办学宗旨，还是大致吻合的。在这个意义上，无锡国学专门学校与现代教育体制的"磨合"，基本上是成功的。

钱穆之创办新亚书院，与唐文治之经营无锡国专，有异曲同工之妙。保存于《新亚遗铎》的早期新亚书院的《招生简章》，至今读来，仍值得再三回味：

> 旨在上溯宋明书院讲学精神，旁采西欧大学导师制度，以人文主义之教育宗旨，沟通世界中西文化，为人类和平社会幸福谋前途。

---

[1] 参见《文教资料》1982 年 7—8 期上"唐文治与无锡国专资料"所收各文。

作为教育家的钱穆，特别强调通识，且要求学问人生合一。这一点，可以1953年颁布的《新亚学规》作为例证：

> 一、求学与做人，贵能齐头并进，更贵能融通合一。
>
> 二、做人的最高基础在求学，求学之最高旨趣在做人。
>
> ⋯⋯
>
> 九、于博通的智识上，再就自己材性所近作专业之进修；你须先求为一通人，再求成为一专家。[1]

新亚书院的教学特征及奋斗历史，在钱穆的《师友杂忆》中，有精彩的描述，不待笔者赘言。我只想提醒读者关注一点，即当香港政府有意选择新亚、崇基、联合三校组建香港中文大学时钱穆的态度。新亚同人多持异见，而钱穆则力排众议，同意合并，最主要的理由是："新亚毕业生，非得港政府承认新亚之大学地位，离校谋事，极难得较佳位置。"[2]

又要接受政府的领导与监督，又希望保存传统书院独

---

[1] 《招生简章》及《新亚学规》均见钱穆《新亚遗铎》，台北：东大图书公司，1989年。

[2] 钱穆：《八十忆双亲·师友杂忆》274页，长沙：岳麓书社，1986年。

立办学的特色，其间回旋的余地，其实不是很大。于艰难中崛起的新亚，为学生及教师的世俗利益着眼，只能接受香港政府收编，进入现行体制，成为香港中文大学的一部分。要生存与发展，还是要个性与特色，倘若鱼与熊掌不能兼得，当事人的痛苦与困惑不难体会。

所谓借鉴书院之独立办学，不只是具体的教学方法，更包括文化理想与政治姿态。从 1920 年代初起，挑战现行大学体制者，大都不将目光局限在教育学的范畴。青年毛泽东之强调传统书院师生感情甚笃、精神自由往来，以及课程少而研讨周，故"比学校实在优胜得多"，似乎只是关注"研究的形式"[1]。可众所周知，湖南自修大学的"自由研究"，主要体现为政治上的结社。这么一所"前所未有的新型学校"，在教育史家眼中，"基本任务是提高党团干部的马克思列宁主义水平"，故应该与日后的工农红军大学、中共中央党校相提并论[2]。

体制外的独立讲学，容易形成学派，也可能发展成为政治上的反对党，理解这一点，并不需要特别深邃的目光。50 年代以后大陆之取消私学，对于思想一统，起了很大

[1] 毛泽东：《湖南自修大学创立宣言》，《新时代》创刊号，1923 年 4 月。

[2] 参见熊明安：《中国高等教育史》430—433 页，重庆出版社，1983 年。

作用。就在新政权建立不久，熊十力曾上书希望恢复三个私立讲学机关：欧阳竟无创设的支那内学院、马一浮主持的智林图书馆，以及梁漱溟执掌的勉仁书院，目的是"存旧学一线之延"[1]。如此低调的申辩，也都没能获得谅解。唯一能唤起对于《湖南自修大学组织大纲》的遥远记忆的，是执政党主席毛泽东多次批评学校的教学法：

> 反对注入式的教学方法，连资产阶级教育家在五四时期就早已提出来，我们为什么不反对？[2]

"要自学，靠自己学"、将材料发给学生"叫学生看，研究""现在课程多，害死人，使中小学生、大学生天天处于紧张状态"[3]，诸如此类的教导，在 1967 年以中共中央、中央军委、中央"文革"小组名义发行的《毛主席论教育革命》中，可以找到不少。可此类只讲方法不问主义的"最高指示"，即便有其合理性，比起"教育必须为无产阶级政治服务，必须同生产劳动相结合"这样"高屋建

---

[1] 参见熊十力《论六经》之结语，上海：大众书局，1951 年。

[2] 《毛主席论教育革命》21 页，北京：人民出版社，1967 年。

[3] 《毛主席论教育革命》22 页、18 页。

瓴"的论述，实在是小巫见大巫，无法成为今日"教育革命"的指针。

同样在 20 年代初起步，质疑其时已成主流的大学教育，梁漱溟的探索更值得关注。1924 年夏，梁氏辞去北大教职，到山东曹州中学办学去了；第二年春天，带着失望与忧郁，梁氏重新回到北京。在《致〈北京大学日刊〉函》中，有这么一段话，表明其与现代教育制度的巨大分歧：

> 旅曹半年，略知办学甘苦，归结所得，弥以非决然舍去学校形式无从揭出自家宗旨。学校制度以传习知识为本，无论招学生聘教员所以示人者如此。而人之投考也应征也所以应之者何莫非如此。而溟宗旨所存则以在人生路上相提携为师友结合之本。[1]

此后，梁氏先后创办过山东乡村建设研究院和勉仁书院，始终在现行教育体制之外积极探索。晚年之出任中国文化书院的院务委员会主席，更是为其毕业事业画上一圆满的句号。

---

[1] 《致〈北京大学日刊〉函》，《梁漱溟全集》第四卷 800 页，济南：山东人民出版社，1990 年。

创办于 1985 年 1 月的中国文化书院，邀请八十八岁高龄的梁漱溟"出山"。此举很大程度是一种象征，即继承三四十年代书院讲学的传统。在 80 年代的文化热中，中国文化书院曾发挥巨大作用；进入 90 年代，其"培养研究文化的博士后"的愿望无法实现，"为民间争取更为广阔的学术空间"也受到诸多阻难[1]，实在令人扼腕。

三、书院在 21 世纪

欧美大学制度在 20 世纪中国畅通无阻，并非毫无道理。百年中国，主潮是学习西方，奋起直追。教育作为立人立国的根基，当然也不例外。甚至可以说，教育"西化"之得失，乃中国现代化事业成败之关键。

谈论传统书院在 20 世纪中国之被压抑，起码可以举出如下理由：

第一，西学的魅力，确实无法抗拒。尤其是声光电化、民主法制，乃本世纪中国人所梦寐以求。而所有这些的建立与传播，均有赖于不同于传统书院的新的教育体制。

---

[1] 参阅汤一介《中国文化书院十年》及王守常《中国文化书院与 80 年代文化热》，均载《文化的回顾与展望》，北京大学出版社，1994 年。

第二，在本世纪的中国教育界，讲求"实学"，乃大势所趋。连对工程矿务一窍不通的梁任公先生，也都加入了劝学西艺的大合唱[1]，不难理解百年中国之重"科学"而轻"人文"。而传统书院的教育宗旨及教学方式，并不以"实学"为重，难怪不为20世纪的中国人所推崇。

第三，倘就普及教育的有效性而言，西式学堂确实优于传统书院。课堂教学整齐划一，便于人才的批量生产。因材施教固然困难重重，师生的情感交流更非易事。如此高成本低回报，毫没效率可言，既不符合资本主义精神，也有违"多快好省地建设社会主义"原则。

谈论本世纪书院精神之不绝如缕，并非完全否定现代大学制度。面向21世纪，毫无疑问，现代大学仍是主流。问题在于，传统的书院教育，是否能为我们提供某种思想资源？我的答案是肯定的。粗略言之，大概可以包括如下三种思路：

从教育体制考虑：私立大学、研究院及民间学会对于中国学术思想多元化的贡献；

---

[1] 在《新大陆游记》第四十一节中，梁启超论及游学之事，称"宜学实业，若工程矿务农商机器之类。勿专骛哲学文学政治"（《饮冰室合集·专集》第五册130页）。

从教育理念考虑：全人格教育、通识教育以及打破教育的实用主义传统；

从教学方法考虑：强调独立思考、自学为主、注重师生之间的理解与沟通。

至于某些具体学科及研究领域——如中国传统文化研究，借鉴书院教学，效果十分明显，自不待言；我想强调的是整个学术思路的转移，即 21 世纪的中国大学，不应该只是"欧洲大学的凯旋"。

1998 年 12 月 13 日于京北西三旗

（初刊《岭南学报》新第一期，1999 年 10 月）

传统书院的现代转型

——以无锡国专为中心

　　在晚清学制改革大潮中，朝野间对于"开学堂，育人才"很快形成共识；分歧在于如何看待源远流长的书院。"时局多艰，需材尤急"，无法生产坚船利炮的书院，其教学宗旨及培养方案，非改不可。于是，出现了三种颇有差异的选择：一、整顿书院，增加西学课程（胡聘之等）；二、保留书院，另外创设讲求实学的新式书院或学堂（廖寿丰等）；三、请皇上发布诏书，"将公私现有之书院、义学、社学、学塾，皆改为兼习中西之学校"（康有为等）。取消书院，以便集中人力财力，发展新教育，这一"兴学至速之法"，从郑观应最早提出，迭经胡燏棻、李端棻、康有为等的一再奏请，终于成为最高统治者的谕令，通行全国。

其间虽有反复，但秋风日紧，大树飘零已成定局[1]。

清末民初的教育改革家宁愿纵论缥缈含糊的"三代之学"，而不想涉及近在眼前的书院之利弊得失，可能有不得已的苦衷，比如，不愿意"穿新鞋走老路"，或者担心旧体制因而"藕断丝连"等。可这么一来，传统中国的教育精神，被高悬云端，无法介入本世纪初极富激情与想象力的制度创新。只是在新学制已经完全确立，书院基本上退出历史舞台，教育家们方才回过神来，对书院的黯然退场表示极大的遗憾。比如，以提倡新文化著称的胡适便大发感慨："书院之废，实在是吾中国一大不幸事。一千年来学者自动的研究精神，将不复现于今日。"[2]

"此情可待成追忆，只是当时已惘然。"擅长"以史为鉴"的中国学人，在追怀日益远逝的书院的同时，开始"补偏救弊"。于是，为20世纪中国高等教育，提供了一道不太耀眼但也无法完全漠视的"风景线"。那便是：或借书

---

[1] 参见胡聘之等《请变通书院章程折》、廖寿丰《请专设书院兼课中西实学折》、张汝梅等《陕西创设格致实学书院折》、康有为《请饬各省改书院淫祠为学堂折》、郑观应《盛世危言·考试》、胡燏棻《变法自强疏》、李端棻《请推广学校折》及《清帝谕各省府厅州县改书院设学校》，分别见舒新城编《中国近代教育史资料》上、下册（北京：人民教育出版社，1961）和朱有瓛主编《中国近代学制史料》第一辑下册（上海：华东师范大学出版社，1986）。

[2] 胡适：《书院制史略》，《东方杂志》第21卷3期，1924年2月。

院精神改造现代大学（如蔡元培、胡适），或尝试重建已经失落的书院（如章太炎、马一浮）[1]。在这其中，对传统书院大有好感，可又能顺从浩浩荡荡的世界潮流，与现代教育体制接轨的，当推唐文治（字颖侯，号蔚芝，别号茹经，1865—1954）创办的无锡国专。

这所"书院式的学校"[2]，创建于1920年，初名无锡国学专修馆，1927年改为无锡国学专门学院。励精图治十年，终于在1928年通过考核调查，被批准立案；1930年得教育部令，更名私立无锡国学专修学校。抗战中，在极端艰难困苦的条件下，无锡国专以不同形式分别在桂林、上海两地办学。1946年初春在无锡复校，1950年因经费支绌被合并，取消建制。三十年间，曾在无锡国专就读的校友约一千七八百，其中不乏文史研究方面的杰出人才，如早期学生王蘧常、唐兰、吴其昌、蒋天枢、钱仲联、魏建猷，后期学生马茂元、周振甫、冯其庸、汤志钧、朱星、王绍曾等。更重要的是，这所学校的课程设置及讲课方

---

[1] 参见陈平原《大学之道——传统书院与20世纪中国高等教育》，《岭南学报》新第一期，1999年10月。

[2] 参阅钱仲联《无锡国专的教学特点》一文，见《文教资料》1985年2期。钱氏乃无锡国专早期毕业生，1934年回母校任教，其追忆与总结相当精彩。

式，不同于一般大学的中文或历史系；其筹建及运营，更富有传奇色彩。而这背后，牵涉现代化进程中传统文化及教育精神的延续与转型，值得认真研究。

一、从"救民命"到"正人心"

民国年间的大学校长，颇有一言九鼎，决定整所大学的风格与走向的，如国立大学的蔡元培、梅贻琦私立大学的张伯苓，教会大学的司徒雷登等。但所有这些校长，就其与所主持的学校的亲密程度而言，均不若唐文治之于无锡国专。称唐校长乃无锡国专的灵魂，一点也不过分。不只是规划与创办，更包括日常的管理与讲授，唐先生几乎事必躬亲，尽管其已经基本失明。可以这么说，无锡国专的一举一动，都带着明显的唐文治个人色彩。这自然是因为学校规模小（顶峰时期学生人数也不过三百人），加上是私立，校长有权"说了算"。但更重要的是，如此兼及传统书院的山长与现代学堂的校长，正是唐文治的自我定位。故必须将唐先生本人的社会阅历、政治倾向、文化理念与学术追求考虑进来，方才可能解读这所风格独特的学校。

首先碰到的问题是，作为大名鼎鼎的交通部上海工业学校（即 1896 年由盛宣怀奏请筹设的南洋公学，1921 年起改名交通大学）的校长，为何辞去现职，跑到无锡创办小小的国学专修馆？这一点，论者大都依据唐文治本人的自述："因目疾日深而辞职，因宗旨相近而办学。"可这里有几个小问题，牵涉到日后无锡国专的发展方向，不能不详加辨析。

依《茹经先生自订年谱》"庚申（1920 年）五十六岁"则，不顾交通部以及学校同人的再三挽留，十月初三日"余遂决计解职回锡"，同年十二月间方才应施肇曾邀请开办无锡国学专修馆。也就是说，辞职与开馆，二者之间没有必然联系。但此前半年，唐先生已经答应出任私立无锡中学的校长，并为其制定章程[1]。此前八年，原籍江苏太仓的唐文治，已经在无锡购地建屋，奉父徙居。回过头来，不难发现，五十六岁的唐文治之所以退隐无锡，并非一时心血来潮。早已将无锡作为终老之乡，这才能理解其宣布讲学宗旨时，突出"预储地方自治之才"。而所谓"惟冀有如罗忠节、曾文正、胡文忠其人者出于其间，他日救吾

---

[1] 据无锡市三中《深切怀念老校长唐文治先生》（《唐文治先生逝世四十周年纪念文集》，油印本，江苏无锡，1994）称，唐日后还专门为无锡中学撰写校歌："力拯水火济生民，即为邦国兴太平。"

国救吾民，是区区平日之志愿也"[1]，除豪杰崛起于乡间的传统想象外，还凸显了清末民初变革的新思路：权力下移，地方自治。

而这，正好对应了精研易经、洞明世事的唐文治一生的运动轨迹：京城为官（1892—1907），上海办学（1907—1920），无锡讲道（1920—1950）[2]。对于唐先生来说，真正的"节骨眼"，不在大清王朝的解体，而是自家的文化根基。抗战中坚持民族气节，拒绝出任伪职，这对于理学家来说，自在预料之中。曾任商部左侍郎、后又曾署理农工商部尚书的唐文治，辛亥革命后不只没有成为遗老，甚至在关键时刻，与伍廷芳等联名通电，要求清帝逊位。这显然得益于其尽早离开了污浊的京城，远走上海办学。

1907年的远走上海，并不像自订年谱上说的，只是为了照顾"父亲年迈，思乡日切"；在我看来，主要还是官场失意：一直提携他的农工商部尚书载振被参劾辞职，唐因而前途渺茫。而同样是弃政从教，选择上海高等实业

---

[1] 唐文治：《茹经先生自订年谱》85页，无锡国学专修学校学生会校印，1935年。

[2] 抗战爆发后，年过七旬的唐文治主要活动在上海，但因仍在从事无锡国专未竟事业，故不加分别。至于同是一校之长，何来"办学"与"讲道"的区别？这涉及对于二校性质及宗旨之理解。

学堂，而不是北京实业学堂或北京贵胄学校，这倒是很能显示唐文治的见识。四年后，唐因上海高等实业学堂改南洋大学事上京，年谱里留下这么一句："京师气象，腐败已极，余小住数日即回上海。"[1] 十几年的京官，不能说对红顶子毫无留恋——自订年谱里再三出现蒙皇太后召见垂询云云，可见一斑。陈衍批评唐文治"学问文章，皆有纱帽气"[2]，不无道理。可关键时刻，当机立断，告别无可作为的京城与官场，远走上海的唐文治，又投身于晚清另一热门事业："教育救国"。

到任不久，唐文治上条陈，订章程，立宗旨。除了要求增加经费、扩充专科人数，更强调"严定章程，以道德端其模范，以规律束其身心，庶几教授管理有可措手，学生乃能有志上进，蔚为通才"。作为"实业学堂"，自是"大要在造就专门人才，尤以学成致用，振兴全国实业为主"。可监督（校长）唐文治，却还有培养通才以及整顿士风的愿望，于是在《咨呈重订章程和宗旨》中，不忘添上一句"并极意注重中文，以保国粹"[3]。这可不是可有可无的官样文

---

[1]　参见唐文治：《茹经先生自订年谱》71 页。

[2]　参见钱锺书：《石语》43 页，北京：中国社会科学出版社，1996 年。

[3]　参阅《条陈本学堂办法》和《咨呈重订章程和宗旨》，均见刘露茜等编著：《唐文治教育文选》，西安交通大学出版社，1995 年。

章，讲求实业与保存国粹并重，正是唐先生一辈子奋斗的目标，也是其区别于一般的洋务官员或理学名臣之处。

曾两度跟随载振亲王出访英、法、美、日等国，再加上任职外务部和商部，唐文治对西方各国的政治、经济、文化略有了解，当然明白"实业救国"与"教育救国"二者交叉的分量。出长上海实业学堂后，强调"学堂异于科举，要以崇实为宗旨，使人人重于实学"。正是由于这种"尚实"的办学宗旨，加上上海的特殊地位，学校水平迅速提升，博得国外教育界的好评，毕业生甚至可以直接进入美国大学的研究院深造。以致唐先生不无得意地称："余私心窃计，以为中国东南各省无大学，于此，盖始基之矣。"[1]

作为东南各省大学之翘楚的上海交通大学，1930年举行第三十届毕业典礼，特邀请老校长前来训词。唐文治先是表白当初办学之"区区宏愿，尝欲兴办实业"，很快地话锋一转，引述诸多孔孟语录，论证"欲成第一等学问、事业、人才，当先砥砺第一等品行"[2]。确是理学家本色，时刻不忘教导学生如何做人。如此才性，出长"工业专门学

---

[1] 参见刘露茜等编著：《唐文治对近代高等工程教育的贡献》，《唐文治教育文选》320—342页。

[2] 参见《上海交通大学第三十届毕业典礼训词》，《唐文治教育文选》231—234页。

堂"，其对于创办铁路或电机专科，改革土木及机械课程，到底能投入多大的热情，实在值得怀疑。不妨看看唐校长上海十四年间的著述：《国文大义》《古人论文大义》《人格》《国文阴阳刚柔大义》《论语大义》《孟子大义》《大学大义》《中庸大义》《工业专门学校国文课本》等。除了理学，就是文学，作为人文学者的唐文治，无可挑剔；可作为专门学堂的校长，唐先生明显对电机之类缺乏兴趣。

身为一校之长，唐文治更关心学生的"人格"，而不是具体的"学业"，这完全可以理解。可即便如此，我还是惊讶唐校长著述时之精力充沛。1912 年，"因胸中欲言者甚多"，唐校长将制定校训的计划，改成撰写《人格》一书："是书宗旨，专在发明人道，示以当然之格。"[1] 第二年，在致交通部的公函中，唐校长又强调："居今世而言教育，惟有先以注重道德为要点。……道德并非空谈，唯以人格核之，而后事事乃归于实。"[2] 同年，又将自编《高等国文讲义》八册函请交通部转送教育部审查，希望"以之饷大学生徒"。大概是意识到可能遭遇"不务正业"之讥，唐文治预先摆明"本校国文一课特加注意"的理由："科学之

---

[1]　参见《人格》之"绪言"以及《茹经先生自订年谱》1912 年则。

[2]　《致交通部公函商讨教育宗旨》，《唐文治教育文选》109 页。

进步尚不可知，而先淘汰本国之文化，深可痛也！"[1]

作为"工业专门学校"的校长，本该是引进"科学"的先驱，可唐文治却关心起汹涌澎湃的西学大潮对于本国文化的无情冲刷。这种思考，显然超越了校长的具体职权范围，更像个深谋远虑的教育家兼思想家。假如世道平静，唐校长一边推崇实学，一边讲求人格，二者互为补充，未尝不是好主意。可迅速崛起的五四新文化运动，对于唐校长以"人格"调节"实学"的计划，是个致命打击。原先赖以安身立命的孔孟学说，如今被北大的新秀们扫进了垃圾堆，这可是唐文治无论如何也不能接受的。问题在于，由"文学革命"而"政治革命"，五四新文化运动如飓风般迅速推进。上海自然也不例外，校园里，除了"科学进步"与"本国文化"之此起彼伏，如今又添上"新文化"与"旧文化"的猛烈碰撞。而这，对于唐校长之"决计解职回锡"，我相信有直接的影响。

《茹经先生自订年谱》1920 年则在述及因目疾日深而自行解职时，还有这么一句："自上年学潮后，学风愈觉不靖。"虽是寥寥十二字，却不可轻易放过，在我看来，

---

[1] 参见《函交通部致送高等国文讲义》，《唐文治教育文选》117—119 页。教育部的复函非常得体：因其只负责审查中学以下教材，"本书不在审定范围之内，应由编者自由出版，听各学校自由采用"。

这与唐之由大学校长转为"讲学家居"颇有关系。对于举世瞩目的五四运动，唐文治的态度值得玩味：既公开发表通电，要求政府谅解学生的"爱国热忱"，"勿加苛责"[1]；同时又对此后校园里难得平静不无忧虑——这其实也是蔡元培等大学校长以及社会名流的想法[2]。对于一个希望"严定章程"加强管理的校长来说，这绝对不是好兆头。

辞职之前，感叹"学风愈觉不靖"；辞职之后，当即开办国学专修馆，并宣布讲学宗旨："吾国情势日益危殆，百姓困苦已极，此时为学，必当以正人心、救民命为唯一主旨。"[3] 二者如此配合默契，不会是纯粹的巧合。考虑到此后唐文治越来越公开地批评新文化运动，有理由相信唐氏此举乃寄托遥深，是人生关口的一大转折。其重要性，一点不亚于1907年的弃官从教。

在参照朱熹《白鹿书院揭示》、高攀龙《东林会约》等而制定的《无锡国学专修馆学规》中，唐文治强调"吾馆为振起国学，修道立教而设"，故特别看重的是"检束身心，砥砺品行"。甩开"振兴实业"的口号，专注"维

---

[1] 《请顾教育大局电》，《唐文治教育文选》145 页。

[2] 参见陈平原、夏晓虹主编：《触摸历史——五四人物与现代中国》之"余论"以及有关蔡元培、章太炎、康有为、胡适等章节，广州出版社，1999 年。

[3] 参见唐文治：《茹经先生自订年谱》84—85 页。

持人道"与"挽救世风"[1]，对于理学家唐文治来说，显然更为得心应手。从筹办洋务，到讲求实学，再到"修道立教"，唐文治的道路，在晚清新派学人中，很有代表性。

经过生光电化、坚船利炮的洗礼，清末民初的士大夫，已很难再只讲仁义、礼仪，而无视制度、物质的强大力量。只是有感于西学大潮使得传统中国风雅凋零，有违自己的良知与教养，方才挺身而出，救弊补阙。对此，有必要给予"同情之了解"。从早年的提倡洋务（"忠臣孝子断不可不谈洋务"），呼唤西学（"西学堂之不容不设"）[2]，到晚年的"振起国学，修道立教"，这一转折，有个人安身立命的考虑，但更多的是时世推移，而不得不做出的自我调整。对于积弱贫困的中国来说，"振兴实业"与"挽救世风"何者为重，很可能见仁见智。但若套用唐文治的讲学宗旨，无锡国专无疑着眼的是"正人心"，而不是真正意义上的"救民命"。

作为一名别有幽怀的理学家，由"振兴实业"转为"修道立教"，或者说由"救民命"转向"正人心"，自是本色当行，也自有其独立价值。问题是，晚清以降，有此情怀

[1] 《无锡国学专修馆学规》，《唐文治教育文选》147—155 页。

[2] 在戊戌政变后一年的《与友人书》中，唐文治专门论证"西学堂之不容不设"，以及"忠臣孝子断不可不谈洋务"，参见《唐文治教育文选》1—5 页。

的不止唐文治一家，为何无锡国专能取得骄人的成绩，而康有为、章太炎、马一浮、梁漱溟等人之创办书院，便显得举步维艰？

二、另有渊源的"东南学术"

在教育史家眼中，晚清之书院改学堂，目的是使中国教育走上"与国际接轨"的康庄大道。故论及书院教育，基本上截至"清末书院改革"，或者"书院制度的近代化进程"，偶尔顾及"近现代对书院精神的发扬"[1]，也都未能给予认真的清理与公正的评判。反而是思想史家，会对章太炎、马一浮等人的书院讲学感兴趣，因为这是一种有理想、有信念，象征意义远大于实际效果的可贵尝试。

20 年代初，有感于"文学革命"与"整理国故"所向披靡，对"忠信笃行"等传统伦理道德造成极大冲击，南京高师（东南大学）的教授们借《学衡》杂志奋起反击，

---

[1] 参见李国钧主编《中国书院史》（长沙：湖南教育出版社，1994）第二十二章；陈谷嘉、邓洪波主编《中国书院史资料》（杭州：浙江教育出版社，1998）第六编。

与新文化分庭抗礼，形成南北对峙局面[1]。撇开当初论战时的激愤之辞，大致而言，北方学者锐意革新，自是容易流于空疏；南方学者功力深厚，可又未免过于守旧。张其昀关于"世人多称南高学风偏于保守，这是一误解，与其称为保守，不如称为谨严，较近事实"的辩解[2]，在我看来，实属多余。因文化理念的"激进"/"保守"与治学态度之"空疏"/"谨严"，不是一个层面上的问题。而胡适所说的"南方史学勤苦而太信古，北方史学能疑古而学问太简陋。将来中国的新史学须有北方的疑古精神和南方的勤学工夫"[3]，虽是持平之论，却忘了南北学者治学态度的差异，其实隐含着政治立场与文化理想的冲突，很难靠学养或方法来调适。

在二三十年代的中国学界，与《学衡》杂志（1922—1933）文化理念相近的，除散落各地的专家学者，还包括若干很有特色的私人讲学机构。1918 年筹备、1922 年

[1] 胡先骕《朴学之精神》（《国风》8 卷 1 期，1936 年 10 月）称："五四以后江河日下之学风，至近年乃大有转变，未始非《学衡》杂志潜移默化之功也。"此乃个中人的自我表彰，不足为凭。但《学衡》诸君之力主"昌明国粹，融化新知"，确与五四新文化人态度迥异。进入 90 年代，学衡派的文化保守主义立场，得到不少"了解之同情"。

[2] 张其昀：《南高的学风》，《国风》7 卷 2 期，1935 年 9 月。

[3] 《胡适的日记》438 页，北京：中华书局，1985 年。

正式成立于南京的支那内学院，虽由沈曾植、陈散原、章太炎代为撰写"缘起"与"简章"，主持人欧阳竟无也有"须复宋明讲学精神之教育"的说法，但毕竟近于居士道场而不是传统书院[1]。倒是唐文治1920年创办于无锡的国学专修馆、康有为1926年创办于上海的天游学院、章太炎1935年创办于苏州的章氏国学讲习会，都以"国学"相号召，对抗其时已经如日中天的"新文化"。有趣的是，这些有影响的私人讲学，均集中在江苏一省（上海旧属江苏，二三十年代江苏省的教育、文化组织多仍在上海活动）。真应了那句名言："东南学术，另有渊源。"

据张耀翔在《清代进士之地理的分布》一文所做的统计，清代一甲状元、榜眼、探花共342人，其中江苏就有119人，占34.8%，浙江81人，占23.7%，安徽18人，占5.2%。[2] 三者加起来，共218人，占63.7%。虽然科考功名并非人才的唯一指标，但据此可约略看出一地之教育及文化水准。故梁启超在《近代学风之地理的分布》所下

---

[1] 参见徐清祥、王国炎：《欧阳竟无传》第七章，南昌：百花洲文艺出版社，1995年。

[2] 转引自杨念群：《儒学地域化的近代形态》270页，北京：三联书店，1997年。

的判断："一代学术几为江浙皖三省所独占"[1]，还是大致可信的。

正因为文化积累深厚，在社会／学术转型中，东南士子自然不甘只是充当配角；更何况旧学根基深厚者，必定反感新学之"浮躁"，也有能力与之争锋。考虑到民初浙江学人大举进京，占据北大等重要位置，甚至有盘踞把持学界之嫌[2]；而早在晚清，"徽籍学者大量涌入江浙地区，造成了安徽书院的学术真空状态"，难以产生学术大师[3]。好不容易涌现出若干新锐（如陈独秀、胡适），又都跑到北京兴风作浪去了。这样，20 年代中国，有资格也有能力代表传统文化与学术的，确实非江苏学人莫属。这就难怪南京学界自觉扮演主流之外"另一种声音"的代表。当然，考虑到晚清以降学者们大都四处求学，转益多师，原籍不再是决定性因素，故这里更看重讲学者的居住地。

一地学风与一地民风相勾连，无锡国专之得以成功，与当地士绅的财政支持，以及民间的文化需求大有关系。

[1] 梁启超：《近代学风之地理的分布》，见《饮冰室合集·文集》第 14 册，上海：中华书局，1936 年。
[2] 桑兵的《五四前后的北大新文化派》（打印稿）收集了不少被排斥者的怨言，值得参考。
[3] 参见杨念群：《儒学地域化的近代形态》478 页。

有意讲学的"当世大儒",非只唐文治一家;借私人讲学弘扬国粹的,也非只无锡国专一处。但只有无锡国专能够获得足够的本地生源,以及相对充裕的办学经费。

1926年,康有为在上海创办"研究天地人物之理,为天下国家之用"的天游学院,原本准备办成正规大学,因经费无着,只好改在上海愚园路自家住宅设教。登报招生后,应者寥寥。好在"康圣人"豪气不减当年,做了非常精彩的自我辩解:"上海各大学人数动辄千百,我院只有二三十人并不为少。耶苏有门徒十二人,尚有一匪徒在内。今其教遍于天下,岂在多乎。"[1] 可此一时彼一时,康有为晚年处境,不要说无法比拟耶苏(稣)传教,与早年万木草堂讲学相比,也已不可同日而语。

与康有为上海讲学之凄清截然相反,章太炎的苏州讲学则显得十分热闹。1935年9月,太炎先生创办"以研究固有文化、造就国学人才为宗旨"的章氏国学讲习

---

[1] 参见蒋贵麟《追忆天游学院》和任启圣《康有为晚年讲学及其逝世之经过》,夏晓虹编:《追忆康有为》459—477页,北京:中国广播电视出版社,1997年。

会[1]。因有众多政界闻人与学界名流捧场[2]，加上诸门人充任讲师协助教学[3]，创办之初的章氏国学讲习会，可称得上"盛况空前"[4]。可有一点不应该忘记，这笔数目不小的办学经费，乃蒋介石的"私人馈赠"。此"都下故人之情，有异官禄"，故不妨用以办学的万金[5]，一直支持学校的运转与《制言》杂志的出版，直到1941年太平洋战争爆发学校停办，方才"全部用罄"[6]。

其实，在20世纪中国，所有"大儒讲学"，都无法回避不太"优雅"的经费问题。独立于现代教育体制之外的"讲习会"或"专修馆"，没有功名引诱，也不教谋生手艺，可想而知，愿意付费问学者，数量不可能很多；因而，单

[1] 参见《章氏国学讲习会简章》，《章太炎年谱长编》960页，北京：中华书局，1979年。

[2] 学会的发起人朱希祖、钱玄同、黄侃、汪东、吴承仕、马裕藻、潘承弼等，以及赞助人段祺瑞、宋哲元、马相伯、吴佩孚、李根源、冯玉祥、陈陶遗、黄炎培、蒋维乔等，均为政界闻人与学界名流，有很大的号召力。

[3] 如朱希祖、汪东、孙世扬、诸祖耿、潘承弼、沈延国、徐复等。

[4] 参见沈延国《章太炎先生在苏州》和汤炳正《忆太炎先生》，二文均载陈平原等编：《追忆章太炎》，北京：中国广播电视出版社，1997年。

[5] 章太炎《与王宏先书》有云："前月杪，丁君鼎丞又来致中央问疾之意，且以医药见惠，此既都下故人之情，有异官禄，故亦不复强辞；然无功受贶，终有不安。因去腊已在此间发起讲习会，即以此款移用，庶几人己两适。"

[6] 参见《制言》63期所载收支账目。

靠学费，无法维持正常运转。既不像康有为那样捉襟见肘，也并非如章太炎依靠当局馈赠，唐文治的无锡讲学，靠的是民间赞助。自施肇曾投入第一笔经费（开办费八千，常年经费每年一万）起，无锡国专主要依靠地方士绅的捐赠，非但弦歌不辍，且日渐扩大规模，完善设施。关于无锡国专的经济状况，《茹经先生自订年谱》中颇多记载，总的来说运作良好，没有出现大的危机[1]。

　　自古富庶的江南，在晚清开始的以上海为中心的工业化浪潮中，"近水楼台先得月"。1920 年代的无锡，虽也同样遭受战火蹂躏，毕竟工商业发达，经济实力雄厚。更重要的是，这里的士绅受传统中国文化影响，热心于赞助教育事业。远在戊戌变法之前，无锡就开始创办新式学校，而且均为民间私立。钱穆对其家乡人"重名犹过于重利"的习性，有相当精彩的描述："凡属无锡人，在上海设厂，经营获利，必在其本乡设立一私立学校，以助地方教育之发展。"[2]《师友杂忆》举的例子，还包括无锡巨商荣德生

---

[1] 唐文治《茹经先生自订年谱》84—85 页、88 页、108 页等分别记载了大笔的捐赠。而 102 页、118 页提及因学校扩充或校董捐款停滞而造成的困难，笔锋一转，又大谈学校如何发展。1933 年新校舍落成，同时完工的还有忠义孝悌祠的改建，后者的费用由唐文治和钱基博承担，见《茹经先生自订年谱》120 页。

[2] 钱穆：《八十忆双亲·师友杂忆》232 页，长沙：岳麓书社，1986 年。

之创办江南大学，以及"无锡巨商唐家，请太仓唐蔚芝来无锡创办一国学专修馆"。后说不准确：最早动议并出资兴办国学专修馆的，是钱塘人施肇曾；只是后来跟进的，确以无锡士绅为主[1]。正因有此传统，无锡一县，在教育方面，往往开风气之先。二三十年代影响深远的社会教育运动，江苏是领头羊，而无锡又是"江苏社会教育的策源地"，这也可见当地民众及政府对普及教育的重视[2]。

除了无锡地方乡绅的教育理念，还必须考虑唐文治的文化理想与个人魅力。应该说是二者一拍即合，天衣无缝，否则，无锡人何必恭请原籍太仓的唐文治？曾为京官的唐文治，自1907年激流勇退，赴上海办学以后，便十分热心江苏的地方事业。先后出任江苏教育总会会长（1908）、江苏地方自治总理（1910）以及各种同乡会、赈灾会的会长。当会长不只是满足虚荣心，还要出钱出力——尤其是

---

[1] 据1991年刊行的《无锡国学专修学校校友录》所收《无锡国专校董名录》，28名董事中，浙江3名，上海2名，余者均为江苏人士。而江苏籍董事中，无锡又独占16席。

[2] 《无锡教育周刊·社会教育专号》（1934年8月）对其时无锡的人口、职业、识字率（66%）、社会教育设施及经费等，有认真的统计。若此统计材料属实，则臧佛根为此专号所作《序言》以及华晋吉《无锡社会教育史略》所说的无锡为江苏乃至全国社会教育的策源地，大致可信。另据同专号转载的《全国民教馆统计》，其时全国共有民众教育馆728处，而江苏一省占了225处，将近三分之一。

赈灾的时候。读《茹经先生自订年谱》及各种回忆文章，不难发现唐文治对于地方教育及慈善事业的投入。这与早年之坚信"天下惟能爱其乡土者，然后能爱其国家"，故"欲上下数千年""纵横亿万里"者，"当自乡土始"[1]，可说是一脉相传。而这，其实正是传统中国政治的游戏规则："从来名宦大臣，退老居乡，多知恭敬桑梓，敬宗恤族，于地方有贡献。"[2] 只是由于现代都市的兴起，使得城乡之间的物质、文化水平以及医疗条件迅速拉开距离，以后的"名宦大臣"，"退老"但不"居乡"，更别说服务桑梓，于地方有所贡献了。

三、"东林"抑或"南菁"

虽曾随使出访日本及英、法、比、美诸国，参观过牛津大学等著名学府，协助撰写"欧美风教，沿途景物，详

---

[1] 《汇刻太仓旧志五种序》，《唐文治教育文选》23—25 页。
[2] 钱穆：《八十忆双亲·师友杂忆》235 页。

载靡遗"的《英轺日记》[1]，再加上执掌上海工业专门学校达十四年之久，唐文治对西学其实没有多少了解，也缺乏起码的兴趣。故其主持无锡国专，所倚赖的，只能是本土的学术资源。

早年就读清代四大书院之一的南菁书院，先后受业于黄以周、王先谦等经学大师；独立办学时，选择的又是有东林书院"光荣传统"的无锡。依常理推测，唐文治办学的主要灵感，应来自这两所同样声名显赫但风格迥异的书院。既然是风格迥异，就很难简单叠加，而必须有所选择。对于东林、南菁的褒贬，涉及无锡国专的发展方向，不可掉以轻心。

主张"实事求是，莫作调人"的南菁书院，"其自修与研究之精神，实在令人佩服"；至于"明朝太监专政，乃有无锡东林书院学者出而干涉，鼓吹建议，声势极张……前者死后者继，其制造舆论，干涉朝政"[2]，更是令胡适等后世学人感慨不已。顾宪成、高攀龙诸君之讲学，本

---

[1] 1903 年上海文明书局刊行的载振《英轺日记》，唐文治到底起多大作用，是代笔，还是编纂，目前学界尚无定论。尽管有载振儿子溥铨关于其父只是粗通文墨不擅写作的回忆（参见《无锡国专在广西》46 页），我还是倾向于维持《茹经先生自订年谱》的说法："公务之暇为载大臣编《英轺日记》成"，而不为唐争"著作权"。

[2] 胡适：《书院制史略》，《东方杂志》第 21 卷 3 期，1924 年 2 月。

来自有主张，可后人大都只记得其关心国事，无意中遗忘了其理学方面的思考与著述。从黄宗羲之赞叹"一堂师友，冷风热血，洗涤乾坤"[1]，到张君劢之表彰其"不但讲学，而且论政"[2]，虽然时世迁移，读书人对东林书院的想象没有改变。

既然在无锡讲学，很自然地，人们会以历史上曾名满天下且至今仍有流风余韵的东林书院作为尺度，对之比照衡量。1933 年 3 月 14 日，章太炎在无锡国专作题为"国学之统宗"的演讲，称"今欲改良社会，不宜单讲理学，坐而言，要在起而能行"，具体的榜样就是"无锡乡贤，首推顾、高"。同年 10 月 22 日，章又再次莅临演讲，这回更是直截了当地强调"无锡本东林学派发源之地"，并叹惜"东林之学，至清中叶而阒焉无闻"[3]。推崇顾、高二君之气节，这与唐文治没有差异；可要说无锡国专的当务之急是恢复东林书院传统，则非唐先生所能认同。

1920 年作《无锡国学专修馆学规》，提及高攀龙的《东

---

[1] 《明儒学案》卷五八《东林学案》，《黄宗羲全集》第八册 727 页，杭州：浙江古籍出版社。1992 年。

[2] 张君劢：《书院制度之精神与学海书院之设立》，《新民月刊》1 卷 7—8 期，1935 年 12 月。

[3] 参见章太炎的《国学之统宗》和《适宜于今日之理学》，载《制言》54 期、57 期。

林会约》，注重的是"检束身心，砥砺品行"[1]；1930 年撰《国专学生自治会季刊题辞》，称"惟相与考德问业，砥砺修名，如高景逸之《东林会约》"[2]。再加上 1926 年出资刻印《高忠宪公别集》，1933 年新校舍落成，"布置膳堂，悬王文成、高忠宪、顾亭林、陆桴亭四先生遗像"，应该说唐文治对高攀龙是推崇备至的。可到具体评论时，或称赏"论学精粹处极多"，或表彰高风亮节，就是从不直接提及"东林党人"的政治抗争[3]。

为《国学专修馆十五周年纪念刊》作序，应该说是建立自家学术传统的最佳时机，唐先生还是小心翼翼地回避近在咫尺的东林书院："则夫开鹿洞、表鹅湖、绍龙场之心传，与夫正人心、救民命之事业，当吾校三十周年纪念，必有发扬光大之者。"[4] 为什么？不妨先看看他在《无锡国学专修馆学规》中对孟子"自任以天下之重"和顾亭林"天下兴亡，匹夫有责"的解说："谓学者当任天下之重，研究天下之务，非谓干涉天下之事。人人能各安其本分，各

---

[1] 《无锡国学专修馆学规》，《唐文治教育文选》147 页。

[2] 唐文治：《国专学生自治会季刊题辞》，《国专学生自治会季刊》，1930 年 12 月。

[3] 参见《茹经先生自订年谱》100 页、120 页以及 26 页。

[4] 《国学专修馆十五周年纪念刊序》，《唐文治教育文选》271 页。

勤其职业，斯天下治。"[1] 如此立说，与唐先生曾立朝为官有关，即深知此中厉害，不愿引起当局的猜忌。这很容易招来"巴结权贵""奴颜媚骨"之类的讥讽。可批评新文化，提倡儒家学说，不见得就是有意附和国家的主流意识形态；抵制党化教育，代之以儒家伦理，讲气节，求忠义，也不见得一无是处。

无锡国专的校友津津乐道于唐先生处理危机时之灵活机动 [2]，这一点，显然不同于章太炎、马一浮的名士派头：一言不合，拂袖而去。章、马保持了学者的尊严，值得称道；可真要办教育，无法不跟官僚打交道，也不能不有所妥协。"识时务"的唐先生，极力表彰高攀龙的气节，但却不愿意给人追摹东林书院的印象。因为，执政者永远不希望书院成为"讽议朝政，裁量人物"的场所——无论过去，还是未来。

当然，还必须考虑南菁书院的传统。世人之称道"清代四大书院"，注重的是其学术上的成就，而不是政治上的抗争。甚至可以这么说，清代办得好的书院，都在抵制

---

[1] 《无锡国学专修馆学规》，《唐文治教育文选》155 页。

[2] 黄汉文《记唐文治先生》中关于"验印风波"的描述，最为精彩，见《无锡国专在广西》76—77 页，苏州大学（原无锡国专）广西校友会主编，非卖品，1993 年。

116 ｜ 大学有精神

科考制艺的同时，刻意回避东林书院的议政传统。作为南菁书院的主讲，黄以周强调"专肆经史辞赋，一洗旧习"，选编课艺时，看重的是"深训诂、精考据、明义理之作"[1]。而弟子缪荃孙为黄以周撰墓志铭，更是如此着墨："先生教以博文约礼，实事求是。道高而不立门户，常语门弟子曰：前代之党祸可鉴也。"[2]

这里所说的"前代之党祸"，指的正是东林党人之"讲学兼议政"。办教育不同于立学说，需要持之以恒的努力，不但无法意气用事，有时还不免委曲求全。作为前朝高官，唐文治深知世道艰难；为保存学校而小心翼翼，其实无可厚非。可这么一来，出现一有趣的局面：饭厅里悬挂杨继盛的联语"铁肩担道义，辣手著文章"，但落实到具体的办学方向，无锡国专追摹的，其实是唐先生早年就读的南菁书院。

四、"国学"作为专科

传统中国推崇的是"通人之学"。历代书院中，也有

---

[1] 黄以周：《南菁讲舍文集序》，《南菁讲舍文集》，光绪十五年（1889）刊本。

[2] 缪荃孙：《中书衔处州府学教授黄先生墓志铭》，《续碑传集》卷七十五，上海古籍出版社，1987年影印本。

侧重专科训练的（如医学、术数、军事、工艺等），但此乃"边缘性知识"，不是读书人心目中的正途。读书人钻研的是作为国家意识形态的儒家学说，其目的是通过科举考试，成为国家管理机器的一部分，实现"治国平天下"的理想。

晚清开始出现专攻西学的书院（从"方言"到"格致"）。而废除科举考试后，西式学堂成为大势所趋。张之洞之创建"存古学堂"[1]，将"国学"作为"专门"来修习，预示着世人政治立场及文化心态的大转移。已经从"半部《论语》治天下"，大踏步后退为"保国粹，存书种"。即张之洞《奏设存古学堂折》（1907）所说的："列朝子史，事理博赅，各体词章，军国资用，亦皆文化之辅翼，宇宙之精华，岂可听其衰微，渐归泯灭！"[2]

曾经是读书人命脉的孔门学说，如今成了专修课程。强调"客观研究"的同时，实际上已经将其从日常生活中剥离出来。新文化人之从"文学革命"迅速转为"整理国故"，并没有使"国粹"摆脱日渐边缘化的窘迫境地。

---

[1] 《中国近代学制史料》第二辑下册（上海：华东师范大学出版社，1989）收有一辑关于各地"存古学堂"的文章，其中包括《学部修订存古学堂章程》，可见当年清政府及士大夫为"保存国粹"所做的努力。

[2] 张之洞：《奏设存古学堂折》，见《中国近代学制史料》第二辑下册503页。

1918 年北京大学筹设研究所（1922 年研究所国学门方才有效运作）[1]，1925 年清华学校创建研究院国学门，再加上从 1920 年代中期起，教会大学（如燕京大学、辅仁大学、金陵大学、齐鲁大学、岭南大学等）也都先后设立了研究国学的专门机构[2]。一时间，谈论国学成为风尚，大有将其作为评判大学研究水准的意味。实际上，只要在中国办学，就必须贴近本土的文化学术与社会生活；而且，比起根基尚浅的"西学"来，20 年代的中国学界，"国学"明显容易出成绩。

就学校规模、研究经费、社会知名度而言，在 20 年代的"国学热"中，无锡国专毫无优势可言。但有一点，师生们强烈的文化认同感——即依旧生活在"传统"之中，这是其他大学的师生所不具备的。接受教育部考察并改名"无锡国学专门学校"后，办学宗旨略有改变，不再提"正人心，救民命"，而是："研究本国历代文化，明体达用，发扬光大，期于世界文化有所贡献。"即便如此，无锡国专的师生依旧是"别有幽怀"，不希望只是从事卓有成效的"客观研究"。

---

[1] 参见拙著《老北大的故事》85—94 页，南京：江苏文艺出版社，1998 年。

[2] 参见陶飞亚、吴梓明：《基督教大学与国学研究》第六章"30 年代教会大学的国学热"，福州：福建教育出版社，1998 年。

唐文治特别喜欢引证1931年国联教育科代表唐克尔·培根参观无锡国专后所发的感慨："我们来中国看过很多学校，读的是洋装书，用的是洋笔，充满洋气。这里才看到纯粹中国文化的学校，才看到线装书和毛笔杆。"[1]在1933年出版的《国专季刊》上，对此事有比较详细的报道。培根除谈及国学的重要性，更宣称："贵校为研究'国学'之最高学府，负有保存固有文化之责，与普通学校之使命不同。"[2]这话肯定说到了无锡国专师生的心坎上——尽管北大等名校的学者们不见得认可。

在无锡国专，无论讲学的"大儒"，还是莘莘学子，都有一共识：以"继绝学"自命。这种精神状态，相当感人。老师"痛旧道德之沦丧，新文化之似是而非"，"深愿以淑人心扶世道救中国"[3]；学生则谴责新学之士"见异思迁，抛荒古训"，接下来就是："于戏！学之不讲，先圣有忧，

---

[1] 参见《文教资料》1982年7—8期上"唐文治与无锡国专资料"所收金易占、杨廷福等二文。另外，黄汉文《缅怀唐文治先生》（《文教资料》1985年2月）提到一趣事："学校检查听讲笔记，我因'横行、用钢笔写，不记分'（陆先生的批语如此）。"所谓"不记分"，即"作零分计"。如此规定，可见主事者眼中"毛笔"之地位。

[2] 健实：《国联教育考察团莅锡来校演讲志略》，《国专季刊》，1933年5月。

[3] 唐文治：《广思辨录序》，《国专月刊》1卷4号，1935年6月。

继绝振微，当仁不让！"[1] 而所有这些论说，都直接针对北大为代表的新文化。

魏建猷之推崇王国维，批评疑古派乃"过渡时期一种破坏工作，未足以语建设"，还主要是学术方法之争[2]；高君仁引申发挥钱基博的《今日之国学论》，着力驳斥胡适"扩大研究的范围""注意系统的整理""博采参考比较的资料"这国学研究三大主张，认定此乃文献之路，不解决根本问题。因为，"研究国学者，所负之使命，在恢复中华民族创造文化的能力与精神"，而这种德性之路，需要体贴与领悟，更需要同情与信仰。结论是："当此时也，奋臂一呼，振起绝学，岂非吾辈之责乎！"[3]

值得注意的是，无锡国专师生的这种文化追求，得到了东南诸多学界名流的大力支持。《无锡国专第十届毕业刊》上，刊有章太炎、蒋维乔、陈三立、柳诒徵、李根源、陈衍、吴梅、姚永朴、胡朴安、陈钟凡、陈柱等人的贺词[4]。至于具体内容，不外乎"含英咀华""温故知新""修己治人"等，虽说不出更高明的理论，可这毕竟表明了一

[1] 《发刊词》，《国专学自治生会季刊》，1930 年 12 月。

[2] 魏建猷：《中国古史研究之将来》，《无锡国专年刊》，1931 年上册。

[3] 高君仁：《研究国学者所负之使命》，《无锡国专年刊》，1931 年上册。

[4] 《无锡国专第十届毕业刊》（非卖品），1933 年 5 月。

种情绪与倾向：即对抗新文化，反对割裂传统，强调"国学"研究还包含"检束身心，砥砺品行"，以及"正人心，救民命"的特殊功能。

五、以"文章"为中心

作为理学家的唐文治，虽然著述甚多，且曾经声名显赫，其实缺乏独立的理论思考，只能说是"躬行君子"；因而，在现代中国思想史上，远不及章太炎、马一浮重要。所谓"其治经汉、宋兼采，合考据、义理而一之"[1]，基本上是客套话；倒是晚年的讲学实践，更值得称道。

没有多少精彩理论表述的唐文治，极为关注学生的人格培养与道德熏陶，因"学问之道，首重品行"。据唐先生称，其以"检束身心，砥砺品行"为讲学宗旨，并非始于无锡国专；出长上海工业专门学堂时，便"每于星期日集诸生讲经并修身立品大要"[2]。如此以孔门学说为根基，以宋明大儒为榜样，几十年"传道授业解惑"，本来应该大有成效，可令人困惑的是：千余学生中，"文史方面有

---

[1]　陈衍：《茹经室文集三编序》，《茹经室文集三编》，1938年刊本。

[2]　《上海交通大学文治堂行奠基礼记》，《唐文治教育文选》297—299页。

成就的固然不少，但竟举不出一位研究宋学而有成就的校友"[1]。跟这直接相关的，还有另外一段话："为什么国专出来的学生，一般还能写写文章，这和唐先生的熏陶有关。"[2] 换句话说，一个修养很深的理学家，竟教出一批能写文章的文史专才。

如此局面，除了时世迁移，理学之接受与传播大受限制，还与唐文治的教学宗旨与方法大有关联。《茹经先生自订年谱》有云："余向主道德教育，迨阅历世变，始悟性情教育为尤急。"如何实现"性情教育"？唐先生的思路颇为奇特，即借助于文章的阅读与写作，完成学生的人格塑造："居今之世，教授国学，必须选择文章之可歌可泣足以感发人之性情者，方有益于世道也。"[3]

几乎所有的老校友，回忆起无锡国专来，都会集中在如下四点：修心养性；专书教学；书声朗朗；作文比赛。以"文章"（而非一般意义上的"国学"）为中心，借助"熟读精审，循序渐进，虚心涵咏，切己体察"的"十六字诀"，既实现"性情教育"，又完成学业训练。这与现代大学分

[1]　黄汉文：《记唐文治先生》，《无锡国专在广西》。
[2]　杨廷福、陈左高：《无锡国专杂忆》，《文教资料》1982 年 7—8 期。
[3]　《茹经先生自订年谱》98 页。

门别类的课堂讲授，自是大有差异。

所谓"学者欲穷理以究万事，必读文以求万法"[1]；或者"读文一事，虽属小道，实可以涵养性情，激励气节"[2]，单是追究其与程朱理学的离合，在我看来，还远远不够。因唐文治如此立说的深层原因，乃直接针对五四新文化人之排斥文言写作。无锡国专要求学生在抑扬顿挫、缓急轻重的诵读中，玩味文章的起承转合，以及文气的阴阳清浊，长久地沉浸于诗文的境界中，而后豁然开朗，一通百通。如此教学，从内容到方式，都与桐城文派大有关联。实际上，唐文治的诵读与作文，受晚期桐城大家吴汝纶的影响很深，这一点，《茹经先生自订年谱》中有明确的表述。

无锡国专的教授，颇有以能文著称的（如陈衍）；至于唐文治本人的文章，倒不见得十分精彩。钱基博为唐文治《茹经堂外集》作序，称自从参加无锡国专事业，"乃得时时亲接其言论，然后知先生躬行君子，不徒沾沾词章记诵之末"[3]。以"躬行君子"相许，自然是极高的评价；可其中似乎还蕴含着另一层意思，即对唐文评价不高。

---

[1] 《国文经纬贯通大义自叙》，《唐文治教育文选》188 页。

[2] 《无锡国专校友会春季大会训词》，《唐文治教育文选》313 页。

[3] 钱基博：《茹经堂外集序》，《中国现代学术经典·钱基博卷》930 页，石家庄：河北教育出版社，1996 年。

1932 年无锡国专学生集资铅印钱基博的讲稿《现代中国文学史长编》，1936 年上海世界书局出版增订本时"材料增十之四，改窜及十之五"[1]，可二书均只字未提唐文治的文章。这与同在无锡国专任教的陈柱撰写《中国散文史》时，专门表彰"吾师唐蔚芝先生"之"以古文为天下倡，性情文章，均近欧阳修"[2]，形成极为鲜明的对照。

与钱基博态度相近的，还可举出被唐文治奉为上宾、高价聘请的陈衍。在《茹经室文集三编序》中，陈衍大力称许唐文治"晚讲学乡邦，于举世不悦学之日，独以通经致用为根本要图"，并提及"其作为文章，于平日读书见事所得力，遇题而左右逢源"。不说才情与学识，而突出"益以数十年宦海世途之阅历"[3]，其实也是对唐的文章不太以为然。钱锺书《石语》中记录下陈衍这么一段话，可以帮助我们了解时人的真实想法："唐蔚芝学问文章，皆有纱帽气，须人为之打锣喝道。余作《茹经堂》三集序驳姚惜抱考订义理词章三分之说，而别出事功一类，即不以文学归之也。"[4]

---

[1]　参见钱基博：《现代中国文学史》509 页，长沙：岳麓书社，1986 年。

[2]　陈柱：《中国散文史》310 页，上海：商务印书馆，1937 年。

[3]　陈衍：《茹经室文集三编序》。

[4]　钱锺书：《石语》43 页，北京：中国社会科学出版社，1996 年。

理学不如马一浮，朴学不如章太炎，就连文章也都不被陈衍等文坛宿将看好的唐文治，其主要贡献在教育。作为教育家，唐文治有眼光，有胆识，有恒心，其独力支撑很不时尚的无锡国专，为 20 世纪中国高等教育留下另一种可能性，值得尊敬与同情。

对于 20 世纪中国教育来说，1950 年是个关键的年头，不只无锡国专消逝了，无数个性鲜明的私人学校都不复存在。这一年，梁漱溟曾上书中央，建议设立民间的中国文化研究所[1]，熊十力则曾希望恢复三个私人讲学机关：欧阳竟无创设的支那内学院、马一浮主持的智林图书馆，以及梁漱溟执掌的勉仁书院，目的是"存旧学一线之延"[2]。如此低调的申辩，仍未能获得谅解。

此后的很长时间里，私学被彻底取缔，思想大一统的局面日益僵硬。

进入 80 年代后，私人办学逐渐放开，可步履十分艰难。比如，中国文化书院至今未能正规办学，筹划已久的无锡国专复校，看来也希望渺茫。表面上各种民办高校迅速发

---

[1] 《一九五0年向领导党建议研究中国文化，设置中国文化研究所之草案》，《梁漱溟全集》第六卷，济南：山东人民出版社，1993 年。

[2] 参见熊十力《论六经》之"结语"，上海：大众书局，1951 年。

展,学生数量激增,但缺了唐文治当年孜孜以求的"正人心,救民命",毕竟是一种很大的遗憾。

退一步说,即便做不到"正人心",也无法"救民命",若能在"继绝学"方面有所贡献,也都值得尝试与鼓励。

2000 年 6 月 27 日于北京西三旗

（初刊《现代中国》第一辑,湖北教育出版社,2001 年 6 月；人大报刊复印资料《中国现代、当代文学研究》2002 年 2 期转载；曾收入复旦大学出版社 2002 年版《中国大学十讲》；日译本《传统的书院の现代的转换》刊（日本）《古典学の现在》Ⅱ,2001 年 2 月）

第二辑

大学小传

设议院与开学堂

　　五四运动一周年时，北大教授蒋梦麟、胡适联名发表《我们对于学生的希望》，在肯定学潮"引起学生对于社会国家的兴趣"的同时，规劝其不要频繁使用罢课作为武器。"荒唐的中年老年人闹下了乱子，却要未成年的学子抛弃学业，荒废光阴，来干涉纠正，这是天下最不经济的事。"学生以追求学问养成人格为主业，干预政治乃不得已而为之。明知"最不经济"，可又身不由己，国家危难之际，挺身而出的，仍然只能是热血沸腾的青年学生。那是因为："在变态的社会国家里面，政府太卑劣腐败了，国民又没有正式的纠正机关（如代表民意的国会之类）。"[1]

---

[1]　蒋梦麟、胡适：《我们对于学生的希望》，《晨报》1920 年 5 月 4 日。

蒋、胡二君均为留美博士，认准制约政府、表达民意的，应该是国民选举的"国会"，而不是培养人才的"大学"。可惜，这种理想化的社会设计不符合中国的国情。第二年，在为纪念"五四"两周年而撰写的《黄梨洲论学生运动》中，胡适终于弄明白了，中国思想家心目中的理想社会里，并没有国会一类的制度，故黄宗羲《明夷待访录》的"学校篇"必须要求，"国立的学校要行使国会的职权，郡县立的学校要执行郡县议会的职权"。[1]胡适的翻译与诠释略嫌夸张，但汉宋以降，太学生之"危言深论，不隐豪强"，确实是表达民意、保持政治清明的一种有力手段。在这个意义上，黄宗羲说得没错："养士为学校之一事，而学校不仅为养士而设也。"[2]

问题在于，五四运动发生在民国八年（1919），中国人之谈论"设议院"已将近半个世纪，而且，起码形式上的"国会"已经存在，还有必要依赖如此古老的"伏阙捶鼓"吗？答案居然是肯定的——不只学生这么认为，从其抗议游行得到全国民众的广泛支持，也可明了当时的救国方略已经"别无选择"。5月4日那天，在北大红楼、在天

---

[1] 胡适：《黄梨洲论学生运动》，《晨报》1921年5月4日。

[2] 黄宗羲：《明夷待访录·学校》，《黄宗羲全集》第一册10页，浙江古籍出版社，1985年。

安门广场，教育部官员以及步军统领都曾力劝学生改为推举代表交涉或上书请愿，而不要举行如此人数众多、有碍治安的示威游行，却都被学生拒绝了[1]。理由是："合法手段"已经无法解决国家危急这样的重大难题。事后证明，学生们的判断是对的，若不是学潮的迅速蔓延以及社会各界的大力声援，政府本来已准备在丧权辱国的《巴黎和约》上签字[2]。爱国学生的"外争主权，内除国贼"大获全胜，这固然值得庆贺；可也暴露出代表民意的"国会"关键时刻不起作用。百年中国，学潮连绵不断，成了推动政治变革的主要动力，这其实不是一件好事——起码证明我们的民主制度建设有待完善。

民国初建，气象其实相当可观。1912 年元旦，孙中山宣誓就任临时大总统，陆续发布一系列民主法令。孙退

---

[1] 参见《晨报》1919 年 5 月 5 日的记者报道《山东问题中之学生界行动》，以及龚振黄编《青岛潮》（上海：泰东书局，1919 年 8 月）第六章，蔡晓舟、杨景工编《五四》（北京，1919 年 7 月）第二章。

[2] 即便被迫释放全部被捕学生（6 月 7 日），免去亲日派曹汝霖、章宗祥、陆宗舆三人职务（6 月 10 日），北洋政府仍然准备对列强屈服：17 日电令和谈代表签字，23 日改为让代表"相机行事"。因国内压力日益增大，徐世昌总统 25 日方才通知在巴黎的中国代表团，可以拒绝签字。根据当时的通讯条件，政府的电报 6 月 28 日夜里才送达，而和约则定在当天上午签字。据陆徵祥、顾维钧日后撰写的回忆录，他们的拒绝签字纯属"自作主张"。另据《时事新报》和《民国日报》大同小异的报道，28 日那一天，众多旅法华工和学生包围了专使寓所，"以致专使等不能赴会签字"。

位前，为了约束袁世凯，保障中华民国的民主性质，更正式颁布了《中华民国临时约法》。《临时约法》规定中华民国主权在民；人民享有人身、居住、财产、言论、出版、集会、结社、信仰等自由；政府采取立法、行政、司法三权分立制和内阁责任制。作为中国历史上第一部民主宪法，《临时约法》为日后的拒帝制、反复辟提供了法律依据。袁世凯刚上台时，也不得不顺应浩浩荡荡的历史潮流，表示谨守宪法、拥护共和；即便大权在握，也必须通过修改宪法，并以虚假的"国民投票"来改变国体。[1]

　　袁世凯称帝失败，可中国的民主政治并未因此而获得成功。关键还不在于北洋军阀的跋扈，而在于国民素质之低下。这才有了作为"五四"政治抗议思想底蕴的新文化运动之崛起。用陈独秀的话来说，便是：

　　　　倘立宪政治之主动地位属于政府而不属于人民，不独宪法乃一纸空文，无永久厉行之保障，且宪法上之自由权利，人民将视为不足重轻之物，而不以生命拥护之；则立宪政治之精神已完全丧失矣。……共和立宪而不出于多数国民之自觉与自动，皆伪共和也，

---

[1]　参见熊月之：《中国近代民主思想史》第九章，上海人民出版社，1986年。

伪立宪也，政治之装饰品也，与欧美各国之共和立宪绝非一物也。[1]

这则刊于《新青年》1卷6号的《吾人最后之觉悟》，感慨"吾人于共和国体之下，备受专制政治之痛苦"，追踪原由，乃国人不曾积极参加民主政治建设，而只是寄希望于贤明的"伟人大老"。在陈独秀看来，民主制度的建设，无法一蹴而就，有赖于国民的政治观念以及伦理思想的变革。

将国民素质还是制度建设放在首位，这其实是晚清以降改革先驱者们争论不休的问题。强调"开民智"者，必定注重"办学堂"；注重"变国体"者，当然强调"设议院"。撇开墨守成规反对变革者，或者只要科技不要制度者，思想家们一般都会兼及学堂与议院，分歧在于孰先孰后、畸重畸轻。

郑观应1884年的《南游日记》有曰："余平日历查西人立国之本，体用兼备。育才于书院，论政于议院，君民一体，上下同心，此其体；练兵、制器械、铁路、电线等事，此其用。中国遗其体效其用，所以事多扞格，难臻富

---

[1]　陈独秀：《吾人最后之觉悟》，《新青年》1卷6号，1916年2月。

强。"[1] 梁启超的《变法通议·论变法不知本原之害》则称："变法之本，在育人才；人才之兴，在开学校；学校之立，在变科举；而一切要其大成，在变官制。"[2] 这里所说的"变官制"，包括采用西方的议会制度。

至于现代西方的议院制相对于传统中国专制政体之优势，郑君的《盛世危言》中有非常明快的表述：

> 故自有议院，而昏暴之君无所施其虐，跋扈之臣无所擅其权，大小官司无所卸其职，草野小民无所积其怨，故断不至数代而亡，一朝而灭也。[3]

1900 年，针对社会上认同议院，但称"学校未兴，民智未开，不宜即设"的论调，郑以"事有经权，兵有奇正"为由，说明"先设议院，并开学校"这一变通之略如何可行。郑君以为，"先议广开学校，十余年有人才，而后立议院者"这种正路子，无法满足士大夫"急于扶持国势"

---

[1] 郑观应：《南游日记》（光绪十年六月二十一日，即 1884 年 7 月 14 日），《郑观应集》上册 984 页，上海人民出版社，1982 年。

[2] 梁启超：《变法通议·论变法不知本原之害》，《饮冰室合集·文集》第一册 10 页，上海：中华书局，1936 年。

[3] 郑观应：《盛世危言·议院上》，《郑观应集》上册 312 页。

的良好愿望[1]。此文的论敌，并非虚拟，主要针对的是梁启超和严复。

梁启超的《古议院考》中有一名言："强国以议院为本，议院以学校为本。"[2]在梁氏看来，专制与愚民相倚，伸民权必须以开民智为第一要义。而严复更直截了当地宣称："夫君权之重轻，与民智之浅深为比例。论者动言中国宜减君权、兴议院，嗟乎！以今日民智未开之中国，而欲效泰西君民并主之美治，是大乱之道也。"[3]梁、严二位，均以博学通识著称于世，其倾向于先办教育后开议院，自可能影响一时风气。大概也正是有感于此，担心国人知难而退，此前也曾主张议院"必须行于广开学校人材辈出之后"[4]的郑观应，方才转而阐发"先设议院"的好处。

其实，郑君低估了"立议院"这一政体改革的难度。不说同文馆的创建，即便从第一所"国立大学"京师大学堂算起，中国人之"广开学校"，也早过了"十余年"的期限，可国会如何，还不是形同虚设？这就又回到梁启超的命题："议院以学校为本。"倘若国民没有"知情"的权

---

[1]　郑观应：《答某当道设议院论》，《郑观应集》上册 322—324 页。

[2]　梁启超：《古议院考》，《饮冰室合集·文集》第一册 96 页。

[3]　严复：《中俄交谊论》，《严复集》第二册 475 页，北京：中华书局，1986 年。

[4]　郑观应：《盛世危言·议院下》《郑观应集》上册 316 页。

利、愿望与能力，所谓监督政府就是一句空话。"泰西各国近代学校盛行，无人不学。且中外利弊登诸日报，妇孺皆知"——此乃国民借助议院迫使政府"俯顺舆情"的前提条件[1]。明明知道这一点，但还是希望三步并做一步走，急于抄近路迎头赶上，这其实是晚清以降"急于扶持国势"的志士们的共同心态。

没有这些志士的勇猛精进，百年中国的政治变革，不可能如此波澜壮阔；可没有相对来说平实得多的"教育救国""实业救国"等作后盾，耀眼的制度变革很可能只是一纸空文。民初的国会，开开闭闭，全凭实力派一句话，原因就在于其缺乏必要的群众支持。当受过某种程度的新式教育的人数，只占总人口的百分之三时[2]，推行源于西方文化土壤的议会选举与政党政治，成功的希望确实不大。于是，代表民意的，便转而由同属西学的"学校"来承担。

关于五四运动的论说，可以有截然不同的角度。但有一点，大概谁也不否认，这次运动是以学生为主体。而这里所说的学生，不是一般意义上的读书人，而是专指进入

---

[1] 郑观应：《盛世危言·议院下》。《郑观应集》上册 316 页。

[2] 参见周策纵著、周子平等译：《五四运动：现代中国的思想革命》518 页，南京：江苏人民出版社，1996 年。

新式学堂接受西式教育——尤其是高等教育者。这是一个新崛起的社会阶层，理解其形成与发展，对于我们把握五四运动之得以爆发并迅速蔓延，大有帮助。

先从两组数字说起：一是 5 月 4 日那一天参加抗议游行的学生人数，二是当年北京专门以上学校的状况。游行时不会有人专门清点人数，记者的现场报道与学生的事后追忆大有出入，多则上万，少则几百。比较可靠的说法是，那天参加游行的，有来自北京十三所专门以上学校的学生 3000 名左右。根据 5 月 5 日学生《上大总统书》的自述，以及约略与此同时的静观所撰《北京专门以上学校新调查》[1]，这十三所学校共有学生 7430 人。而当时北京有专门以上学校 25 所，按现有数字统计，学生约 11000 人。这个数字，与五月四日那天学生递交给美国公使的英文说帖的落款"北京高等以上学校学生一万一千五百人谨具"[2]，大致相符。比起日后发通电时的"二万五""十万五"，此说经得起复核，比较可信。而万把手无寸铁的学生，直接挑战政府的权威，在全国各界民众的支持下，居然迫使其罢免曹、章、陆三个亲日分子，而且不敢贸然在《巴黎

---

[1] 参见 1919 年 5 月 7 日《晨报》所刊《学界对山东问题之呼吁·上大总统书》，以及 1919 年 7 月 12 日《申报》所刊《北京专门以上学校新调查》（静观）。
[2] 《学生团上美公使说帖》，《晨报》1919 年 5 月 6 日。

和约》上签字。

区区数千学生，哪来这么大的力量，竟能起到"国会"该起而没起的作用[1]？政府之丧权辱国有目共睹，逮捕爱国学生更是激起公愤；加上本就南北对峙，各种矛盾错综复杂，学潮的展开方才如此便利。相对于此后无数同样波澜壮阔的学运来，"五四"这一开篇可说是最为顺畅，也最为辉煌。

除了"人心向背"之类千古流传的大道理，以及学生们"只反贪官不反皇帝"的小策略，还有什么原因，使得这场本来并非势均力敌的争斗，竟以大权在握的政府屈服而收场？几乎从事件一开始，就不断有人引据汉宋太学生的政治抗议，来为北大为首的青年学生之"越位"与"干政"辩护。是不是"三代遗风"不说，单是这一比附，在注重历史经验的中国，学生们的示威游行便获得了某种合法性。相形之下，大总统令之强调"首都重地，中外具瞻，秩序安宁，至关重要"（5月6日），以及"在校学生，方在青年，性质未定，自当专心学业，岂宜干涉政治，扰及

---

[1] 有趣的是，五四运动爆发后，不少新、旧国会的议员以及各省议会纷纷通电支持学生，要求政府顺从民意，惩办卖国贼。参见龚振黄编《青岛潮》第十三章。

公安"（5月8日），就显得苍白无力[1]。这一比附，甚至影响到上述蒋梦麟、胡适的论述。可实际上，五四运动从终极目标到具体运作，都与汉宋太学生的伏阙上书迥然有别。

表面上，"外争主权，内除国贼"的口号，与此前的政治抗议确实没有多少差别。可这一回，不是祈求最高当局的谅解，而是直接干预政府的外交决策；不只限于表达民意，还主动承担起监督政府纠正错误的责任。与此相配合，学生们采取通电、演讲、撰写文章等一系列手段，尽可能广泛地谋求公众的支持。用郑振铎的说法，"他们并不是请愿，他们是要唤起民众"[2]。这一点，从运动的日益走向民间，而不是倾向于密室磋商，充分显示了其现代市民运动的性质。

1899年，避居日本的梁启超在《清议报》上发表《饮冰室自由书·传播文明三利器》，文中引录了日本犬养毅的名言："日本维新以来，文明普及之法有三：一曰学校，二曰报纸，三曰演说。"有感于在国民识字少的地区，"演说"乃文明进化之一大动力，梁启超希望"今日有志之士，仍

---

[1] 参见分别刊于《晨报》1919 年 5 月 8 日、5 月 10 日的《大总统令》。

[2] 郑振铎：《前事不忘》，《中学生》1946 年 5 月号。

当着力于是"[1]。随后几年，国内也在设学校、办报刊之外，逐渐兴起"演说"之风。而到了"五四"前夕的北京大学，更是"文明普及"三大法宝集于一身。想想《新青年》《每周评论》《新潮》《国民》等北大师生主办的刊物，还有少年中国学会、北大新闻学研究会、北大平民教育讲演团等，你就不难明白其时北大学生思想之活跃，以及组织活动能力之强。

如此巨大的社会能量，一旦与政府利益发生冲突，便不可能轻描淡写对付过去。与汉宋太学生"候补官僚"的自我期待不同，后科举时代的北大，作为全国最高学府，主要任务是研究高深学问，而不是培养高官能吏。这一点，蔡元培的《就任北京大学校长之演说》表达得非常清楚[2]。而这一转变，对读书人的心理定势造成巨大冲击，大大增强了其独立性与疏离感。相对于此前同样参加政治抗议的太学生来说，五四青年无疑更有独立精神，也更敢于挑战政府的权威。除了民主、自由、独立、平等等思想观念的强力渗透外，还与学生们不再以进入官场为唯一目标这一制度变更大有关联。

---

[1] 梁启超:《自由书·传播文明三利器》,《饮冰室合集·专集》第二册 41 页。

[2] 蔡元培:《就任北京大学校长之演说》,《蔡元培全集》第三卷 5—7 页,北京:中华书局, 1984 年。

"五四"时代的学生干政，获得了巨大成功，被时人及后世交口称赞。反倒是漩涡的中心显得出奇的冷静。将被捕学生营救出狱后，蔡元培当即辞职南下。论者一般将蔡先生的辞职与南归，解读为对军阀之专横跋扈的强烈抗议，这自然没错。可还有一点，同样不可抹杀，即作为近代有数的目光远大的教育家，蔡先生对于如何评价学生运动，内心非常矛盾。蔡校长提倡新文化的功绩举世瞩目，其不遗余力营救被捕学生也是众所周知，可要说他有意鼓动学潮，则纯属虚构。不但如此，蔡先生对学潮之愈演愈烈，并非完全认同。

　　蒋梦麟的英文著作《西潮》谈及南归的蔡元培，称其赞许学生出于爱国热情而举行示威游行，可又担心大学的功能自此被扭曲。"至于北京大学，他认为今后将不易维持纪律，因为学生们很可能为胜利而陶醉。他们既然尝到权力的滋味，以后他们的欲望恐怕难以满足了。"[1]此说常被认为是对蔡先生的"污蔑"，可我却认为大致可信。这里，不妨先举出蔡先生1919年7月23日的《告北大学生暨全国学生书》，帮助我们理清其大致思路：

---

[1]　参见蒋梦麟：《西潮》第十五章"北京大学和学生运动"，台北：远流出版公司，1990年。

诸君自五月四日以来，为唤醒全国国民爱国心起见，不惜牺牲神圣之学术，以从事于救国之运动。……然以仆所观察，一时之唤醒，技止此矣，无可复加。若令为永久之觉醒，则非有以扩充其知识，高尚其志趣，纯洁其品性，必难幸致。……自今以后，愿与诸君共同尽瘁学术，使大学为最高文化中心，定吾国文明前途百年大计。[1]

这段话必须倒着读：首先是大学功能的正面阐发，其次是变革现实的方略论述，而二者都不希望学生"牺牲神圣之学术"。相对于风风火火、轰轰烈烈的政治变革，从教育入手改造中国，只能是"慢工出细活"。关键时刻，"该出手时就出手"（如五四运动），自能博得满堂喝彩，可这并非办教育的本意。过分急功近利，不管是从政、经商还是论学，都不是好兆头。

　　其实，更直接的证据，还是蔡校长离开北京暂居天津时自撰的《辞职真因》。据蔡先生的《日记》，5月12日，蔡让回京的黄世晖"携去辞职真因一函"。此稿最早刊于北京的《晨报》（13日），上海的《民国日报》（15日）与

---

[1]　蔡元培：《告北大学生暨全国学生书》，《蔡元培全集》第三卷312—313页。

天津的《益世报》（17 日）相继转录，后两者有大段删节。偏偏中华书局版《蔡元培全集》以《益世报》所载为底稿，不知是偶然疏忽，还是曲为辩解。因《晨报》所刊《蔡元培辞去校长之真因》，后面一大段对学生运动颇有微词。在我看来，这正是作为教育家的蔡元培不惑时论的可爱之处。当被问及"君能保此后学生对于外交问题不再有何等运动乎"时，蔡先生的答复是：

> 是或难免。然我在七八等日已屡与学生之干事部说过，大意谓：学生爱国之表示，在四日已淋漓尽致，无可复加。此后可安心用功，让一般国民积极进行。若学生中实有迫于爱国之热诚情不自已者，不妨于校外以国民之资格自由参加，万不可再用学生名义，尤不可再以学校为集会之机关。我希望学生尚忆吾言也。[1]

赞许学生的爱国热情，但担忧大学从此丧失独立品格，沦为政治集会之机关。蔡先生的这一隐忧，并非毫无道理，日后事态的发展，一再证明这一点。翻用黄宗羲的妙语，

---

[1] 《蔡元培辞去校长之真因》，《晨报》1919 年 5 月 13 日。

应该是："议政为学校之一事，而学校不仅为议政而设也。"

学潮的再三崛起并大获好评，既是学生的光荣，也是国家的悲哀。除了证明我们的民主制度大有缺陷，需要本应"安心用功"的青年学生"越俎代庖"——代行"国会"职能，更令人担心现代大学"定吾国文明前途百年大计"的重任能否真正落实。

1999 年 2 月 22 日于京北西三旗

（初刊《文史知识》1999 年 4 期）

从新教育到新文学

光绪二十四年（1898）四月二十三日，光绪皇帝召集军机全堂，下诏更新国是，变法自强。此则被史家断为"百日维新"起点的"上谕"，除了号召"自王公以及士庶，各宜努力向上，发愤为雄，以圣贤义理之学植其根本，又须博采西学之切于时务者，实力讲求，以救空疏迂谬之弊"，更落实为一象征性举措：兴办京师大学堂。如此关系国运民生的政治决策，竟以学术风气的转移（博采西学）和教育制度的革新（兴办学堂）为主导，不愧"礼仪之邦"。改革之成败，系于人才；人才之关键，在于学堂——维新志士的这一共识，使得"新教育"肩负"人才辈出，共济时艰"之重任 [1]。因而，大学堂的筹办，才有可能跻身"明定国是诏"。

不只光绪皇帝之"改革宣言"着重谈教育，百日维新期间，康有为总共上了三十七封奏折，其中三分之一涉及废八股、兴学校、派留学、选人才。称戊戌变法乃以兴办新教育为突破口，当不为过。这是因为，晚清士人普遍相信，教育落后，乃中国屡战屡败的症结所在。用康有为的话来说，便是："近者日本胜我，亦非其将相兵士能胜我也，其国遍设各学，才艺足用，实能胜我也。"[2] 故晚清的政治变革，阻力最小的，当属此"远法德国，近采日本，以定学制"[3]。即便百日维新失败，京师大学堂照样开办；而且，废八股、兴学堂的步伐，并未因康、梁去势而停止。在张之洞等人的主持下，晚清的教育改革，进展颇为神速——到了 1905 年，清政府甚至下令取消实行千年的科举取士，全面接纳西方教育体制。撇开意识形态的纷争，20 世纪中国教育的大格局，其实是在晚清一代手中奠定的。

兴办西式学堂的直接目标，即通过传授"政学"（"西

---

[1] 参见《光绪二十四年四月二十三日上谕》，《德宗景皇帝实录》卷四一八。
[2] 康有为：《请开学校折》，《戊戌奏稿》，1911 年刊本。
[3] 康有为：《请开学校折》，《戊戌奏稿》，1911 年刊本。

学")与"艺学"（"西艺"），培养治国安邦的"有用之才"[1]。这里所说的"政学"，涵盖了西方的政治、经济、法律以及社会管理，但并不包括文学艺术。机器不如人，制度不如人，教育不如人，难道连原先自诩"天下第一"的"道德文章"也都不如人？时人对连"文学"都必须"进口"，感到不可思议。即便以介绍西方文化为己任的梁启超，1903 年畅游美国，谆谆告诫留学生们："宜学实业，若工程矿务农商机器之类。勿专骛哲学文学政治。"[2] 一直到 30 年代初，老诗人陈衍仍对钱锺书到国外学文学大惑不解："文学又何必向外国去学呢！我们中国文学不就很好吗？"[3]

更重要的是，时贤之批评中国旧学以及教育体制，针对的正是其"重虚文"而"轻实学"。因此，谈论西学时，有意无意地抹杀其玄虚的不具实用价值的"辞赋之学"。郑观应撰《盛世危言》，其学科划分及课程设计，基本上照抄德国传教士花之安（Ernst Faber）的《西国学校》。同样谈及大学的"智学"，郑只有"智学者，格物、性理、文字

---

[1] 梁启超区分"政学"与"艺学"（《与林迪臣太守书》），张之洞则名为"西学"与"西艺"（《劝学篇·设学》）。

[2] 梁启超：《新大陆游记》，《饮冰室合集·专集》第五册 130 页，上海：中华书局，1932 年。

[3] 钱锺书：《林纾的翻译》，《旧文四篇》90 页，上海古籍出版社，1979 年。

语言之类"寥寥数语[1]；而《西国学校》则分智学为八课，其中"论美形，即释美之所在"的第七课更有具体的分疏：

> 一论山海之美，乃统飞潜动植而言；二论各国宫室之美，何法鼎建；三论雕琢之美；四论绘事之美；五论乐奏之美；六论词赋之美；七论曲文之美，此非俗院本也，乃指文韵和悠，令人心惬神怡之谓。[2]

郑氏关注技艺院、通商院、武学院而相对忽略"词赋之美"，并非限于学识或一时疏漏，而是整个时代的趣味使然。可与此相媲美的是，胡聘之提倡西学，着眼于天算格致，批判原有书院"或空谈讲学，或溺志词章，既皆无裨实用"，建议大量裁汰；即便保留，"每月诗文等课"，亦应"酌量并减"[3]。

梁启超则从另一个角度，对中国读书人过分沉湎在无关大局的辞章之学提出批评：

---

[1] 郑观应：《学校》，《盛世危言》，上海书局石印本，1896 年。

[2] 花之安：《西国学校·智学》，《教会新报》第六册，3183 页。

[3] 胡聘之：《请变通书院章程并课天算格致等学折》，《皇朝经世文新编》，上海大同书局，1898 年。

同一旧学也，其偏重于考据、词章者，则其变而维新也极难；其偏重于掌故者，则其变而维新也极易。[1]

照此推理，六经诸子以及掌故之学，尚可与西学、西政并存；至于"无用"的词章，大概只能退出着意培养能"共济时艰"的"有用之才"的新式学堂。

清末的封疆大吏中，张之洞对教育改革最为热心。将两湖、经心书院改为西式学堂，课程设计"一洗帖括词章之习"。前者分习经学、史学、地舆学、算学四门；后者分习外政、天文、格致、制造四门[2]。就在上此奏折的同年，张氏另一重要著述《劝学篇》刊行。其《设学》章谈"学堂之法"，要求课程设计"政艺兼学"——"学校、地理、度支、赋税、武备、律例、劝工、通商，西政也；算、绘、矿、医、声、光、化、电，西艺也。"罗列了众多学科，唯独"遗漏"了"无用"的哲学与文学，难怪其日后主持制订的《奏定经学科大学文学科大学章程》受到王国维的严厉批评[3]。当

---

[1] 梁启超：《与林迪臣太守书》，《饮冰室合集·文集》第二册，中华书局，1932年。

[2] 张之洞：《两湖、经心两书院改照学堂办法片》，《张文襄公奏稿》，1920年刊本。

[3] 参见王国维：《奏定经学科大学文学科大学章程书后》，《王国维遗书》第五册，上海古籍书店，1983年。

务之急是富国强兵，传统士大夫的文学趣味只好暂时搁置。光绪皇帝诏书中之"博采西学之切于时务者"，并非无的放矢；看多了"空言无补"，这回"总求化无用为有用，以成通经济变之才"[1]。

新教育的提倡者，为救亡图存计，希望所教所学皆"切于时务"。至于"词章之学"，则因"不切时务"而受到志向远大的维新志士们的鄙视。有趣的是，无心插柳柳成荫，新教育的兴起，最直接的受益者，正是此曾一度备受冷落的"虚文"。借助于教学体制的改革以及西式学堂的日渐普及，"开文章之新体，激民气之暗潮"的"新文学"[2]，方才迅速获得读者与作者。尽管此"文"非彼"文"——五四新文化人心目中的"文学"，与晚清士大夫所津津乐道的"词章"，毕竟有很大的距离——可"文学教育"的重新定位，与新文学的迅速崛起，确实关系非同寻常。

晚清教育改革的大思路，是康有为提出的"上法三代，旁采泰西"[3]。这一含糊不清的口号，实践的结果，必定是

---

[1] 参见《光绪二十四年四月二十三日上谕》。

[2] 梁启超：《本馆第一百册祝辞并论报馆之责任及本馆之经历》，《清议报》第 100 册，1901 年。

[3] 康有为：《请饬各省改书院淫祠为学堂折》，《康有为政论集》313 页，北京：中华书局，1981 年。

教育界的迅速西化。理由很简单，"三代之学"谁也说不清，倒是泰西的教育制度，经由传教士的大力阐扬，已为维新志士耳熟能详[1]。晚清出台的所有学堂章程，都标明"参酌东西学制"而成。可在我看来，书院与学堂在办学宗旨及教育理念上的巨大差异，并未得到认真的分疏、比较、接榫与转化。从 1898 年梁启超起草简便的《京师大学堂章程》，到 1901 年张之洞、刘坤一奏议将高等学校分为经学、史学、格致学、政治学、兵学、农学、工学等七专门[2]，再到 1902 年分科明细、课程完备的《钦定京师大学堂章程》的颁布，中国人的高等教育，迅速与欧美及日本"接轨"。就在此公开的"模仿"与"抄袭"过程中，"文学"作为一门必不可少的学科，逐渐浮出海面。

1903 年的《奏定大学堂章程》，终于在"文学科大学"里专设"中国文学门"，课程包括"文学研究法""历代文章源流""古人论文要言""周秦至今文章名家""四库集部提要""西国文学史"等十六种。而且，关于每门课程

---

[1] 梁启超《变法通议·学校总论》(《时务报》第 5-6 册，1896 年 9 月)有曰："西人学校之等差、之名号、之章程、之功课，彼士所著《德国学校》《七国新学备要》《文学兴国策》等书，类能言之，无取吾言也。吾所欲言者，采西人之意，行中国之法，采西人之法，行中国之意。"

[2] 张之洞、刘坤一：《筹议变通政治人才为先折》，《张文襄公奏稿》，1920年刊本。

的讲授，都有简要的提示。如"历代文章源流"课程的提示是："日本有《中国文学史》，可仿其意自行编纂讲授"；"周秦诸子"课程的提示则是："文学史家于周秦诸子当论其文，非宗其学术也，汉魏诸子亦可浏览。"至于总论性质的"中国文学研究法略解"，更是为"京师大学堂国文讲义"《中国文学史》（林传甲撰）所亦步亦趋[1]。尤其值得注意的是，此章程明确主张：

> 博学而知文章源流者，必能工诗赋，听学者自为之，学堂勿庸课习。[2]

大学"勿庸课习"诗赋，中小学又"万不宜作诗，以免多占时刻"[3]。一律改为"文章流别"分疏或"文学史"讲授，这一日本及欧美汉学家的研究思路，早在五四新文化运动兴起之前，便已使得传统诗文在西式学堂这一文学承传的重地"边缘化"。

---

[1] 参阅夏晓虹：《作为教科书的文学史——读林传甲〈中国文学史〉》，《文学史》第二辑，北京大学出版社，1995年。

[2] 《奏定大学堂章程》，舒新城编《中国近代教育史资料》中册，北京：人民教育出版社，1961年。

[3] 参见《奏定中学堂章程》，舒新城编《中国近代教育史资料》中册。

此后百年，"文学史"作为一门"毋庸质疑"的专门知识，成了文学系师生的看家本领。比较一下1913年教育部颁布的大学规程与今日各大学的课程设置，你会感慨"大局已定"，后人不过做些修修补补的工作。当然，晚清学人的想象力，往往没能真正落实，许多理想化的设计，停留在纸上谈兵阶段。即便如此，高等及中等学堂之逐渐开设文学教育课程（包括重新解读传统中国文学以及传播西方文学经典），依然对学生们产生深刻的影响——"文学革命"的重任，注定由他们来承担。

　　如果说戊戌以后的教育改革，因其全面取法泰西，无意中保留并转化了文学教育课程，为即将到来的"文学革命"准备了大量读者与潜在的作者；那么，流亡海外的梁启超们，则发展出另一种沟通"文学与教育"的途径。将诗人或小说家如饥似渴寻觅得来的新知识，迅速运用到其写作中去，自然而然地形成一种"新意境"[1]。或像黄遵宪那样撰写"熔铸新理想以入旧风格"的诗篇，或如梁启超那样提倡能体现"国民之魂"又能寄托"胸中所怀"的政治小说[2]。晚清的"诗界革命""文界革命""小说界革命"等，虽不是直

---

[1] 在《〈新小说〉第一号》及《饮冰室诗话》（均见《新民丛报》）中，梁启超对小说及诗歌中的"新意境"，多有陈说。

[2] 参见梁启超《饮冰室诗话》及《译印政治小说序》。

接产生于国内的西式学堂，但也与新教育思潮密切相关。

以成绩最为显著的"小说界革命"为例，无论是翻译、创作还是宣传，学生群体发挥了无可替代的巨大作用。受康有为"六经不能教，当以小说教之"，以及梁启超"各国政界之日进，则政治小说，为功最高焉"的诱惑[1]，读书人纷纷将小说作为启发民众、改良群治的工具。大量新学说、新名词涌入的结果，使得本以娱乐见长的"小说"，变成正襟危坐的"大说"[2]。当理论家不无得意地称，无格致学、生理学、政治学等新学问，则"不可以读吾新小说"时[3]，小说已经蜕变为纯粹的教育工具。"学校教育当以小说为钥智之利导"[4]，在晚清，这话并非虚言——以社会问题或学科知识为主体构建的小说，确实很容易进入课堂，并发挥直接的教育作用。

如此强调文学与教育的联姻，在后人看来，弊病甚大。可流风所及，当年连鲁迅也都以大致相同的口吻，提倡

---

[1] 参见康有为《〈日本书目志〉识语》及梁启超《译印政治小说序》，均见《20世纪中国小说理论资料》第一卷，北京大学出版社，1989年。

[2] 参见恽铁樵：《编辑余谈》，《小说月报》五卷一号，1914年。

[3] 佚名：《读新小说法》，见《20世纪中国小说理论资料》第一卷。

[4] 黄伯耀：《学校教育当以小说为钥智之利导》，见《20世纪中国小说理论资料》第一卷。

"经以科学纬以人情"的科学小说[1]。王国维是极少数持异议者，不只强调文学的独立价值，更一反时论，主张"生百政治家，不如生一大文学家"——因后者影响国民之精神（而非物质），更值得珍重[2]。几年后，主张"掊物质而张灵明""尊个性而张精神"[3]的周氏兄弟，也对此类急功近利的文学观有深刻的反省[4]。

新教育与新文学的结盟，在五四新文化运动中得到了最佳表现。但这一趋势，其实已经蕴含在戊戌维新的政治设计中，并在自上而下的变法失败后，由于教育改革阻力较小而迅速浮现。其中的得失成败，以及对后世的巨大影响，尚未得到认真的清理。

1998 年 7 月 24 日于京北西三旗

（初刊 1998 年 9 月 22 日《文艺报》）

---

[1] 鲁迅：《〈月界旅行〉辨言》，见《20 世纪中国小说理论资料》第一卷。

[2] 王国维：《教育偶感》，《教育世界》第 81 号，1904 年。

[3] 参见鲁迅的《文化偏至论》，《河南》第 7 号，1908 年。

[4] 参见鲁迅的《摩罗诗力说》（《河南》第 2 号，1908 年）和周作人的《小说与社会》（《绍兴县教育会月刊》第 5 号，1914 年）。

附记：本文与《作为学科的文学史》（北京大学出版社，2011年）中的《新教育与新文学——从京师大学堂到北京大学》略有重复，之所以收录在此，很大程度上是为了纪念一位早逝的朋友。世人或许记得王炜的参与"文化：中国与世界"编委会，以及创办"风入松"书店；可很少人知道他晚年发愿独立做书，最终铩羽而归。我在《怀王炜》中，略为提及此事："终于有一天，王炜召集了若干老朋友，说是准备为"戊戌百年祭"做一本书，由某某出版社出版，风入松书店负责总发行。这可是作为书店老板的王炜，从商业活动向学术文化转移的一步活棋，关系重大，我自然不敢推诿。在规定的时间里，按照规定的字数，我将《从新教育到新文学》文稿交到王炜手中。很可惜，这本寄托着王炜学术梦想的图书，最后还是胎死腹中。肯定是碰到了不可克服的困难，否则，以王炜的性格，不会轻易放弃。开始还询问一两声，后来识趣了，悄悄地将这则'命题作文'，收入我自己的《文学史的形成与建构》（南宁：广西教育出版社，1999）一书中。"

首都的迁徙与大学的命运

——民国年间的北京大学与中央大学

南大人之谈论百年校庆，最为眉飞色舞的，当属中央大学那一段历史。像《南京大学》《走进南大》《南大逸事》等书[1]，都不约而同地在"民国最高学府"上大做文章。这里的"最高"，并非时下模棱两可的"之一"，而是名副其实的独此一家、别无分店。这所由1902年创办的三江师范学堂发展而来的大学，对于其后来居上，曾在某一历史时段超越老资格的北京大学十分得意，难怪个中人特别在意"民国最高学府"这一美誉。

---

[1]　参见龚放等编著《南京大学》（长沙：湖南教育出版社，1995）"民国最高学府"章、张宏生等主编《走近南大》（成都：四川人民出版社，2000）序言"走近南大"、龚放等著《南大逸事》（沈阳：辽海出版社，2000）代前言"老树春深更著花"。

其实，南大前身中央大学于 1928 年的异军突起，主要并非自家努力的结果，而是由于政治上的改朝换代。北伐成功，国民政府定都南京，原先的东南大学，经由一番蜕变，成为首都乃至全国的第一高校。当初师生们之强烈要求改校名为"国立中央大学"，理由是大学区体制下的"江苏大学"这一称谓，"既不足以冠全国中心之学府，又不足以树首都声教之规模"[1]。作为"首都大学"[2]，中央大学的迅速崛起有其必然性。对于大学来说，"近水楼台先得月"；对于政府来说，意识形态控制必须借助最高学府的支持。这种权力与知识的共谋，使得"首都大学"获得更多发展的动力与资源。如此"公开的秘密"，可谓路人皆知。

当然，你可以反唇相讥：新文化运动时期北京大学之所以独领风骚，不也是沾了"首都大学"的光？曾经统领全国新式教育的"京师大学堂"，不就因设立在天子脚下？"北京大学"之所以成为民国第一所国立大学，当然也与京城的重要性密不可分。这里有文化积淀与学术传统的因素，但起决定性作用的还是政治权力。只是当局者迷，往

---

[1] 参见龚放等编著：《南京大学》51—56 页，长沙：湖南教育出版社，1995 年。

[2] 龚放等编著《南京大学》"民国最高学府"章第一节，即题为"'首都大学'的离合与发展"。

往有意无意对此加以回避，以为单凭几个文化人就能创造奇迹，挽狂澜于既倒。

几乎就在国立中央大学成立的同时，已在南京就任中央研究院院长的蔡元培先生，借为《北京大学卅一周年纪念刊》作序，提醒北大师生们注意，北大的特殊地位正受到严峻的挑战：

> 有一部分的人，好引过去的历史北大的光荣，尤以五四一役为口头禅；不知北大过去中差强人意之举，半由于人才之集中，半亦由于地位之特别。盖当时首都仅有此唯一之国立大学，故于不知不觉中当艰难之冲，而隐隐然取得领袖之资格，而所谓贪天功以为己力之嫌疑，亦即由此而起。今则首都既已南迁，一市之中，大学林立，一国之中，大学更林立。北大不过许多大学中的一校，决不宜狃于已往的光荣，妄自尊大。[1]

基于对北大的特别关爱，前任校长蔡元培已预见到首

---

[1] 《〈北京大学卅一周年纪念刊〉序》，《蔡元培全集》第五卷 358 页，北京：中华书局，1988 年。

都南迁对这所大学的巨大影响——即使不是备受冷落，也将不再得到政府的格外支持。正是有感于北大日后发展的艰难，蔡先生才谆谆告诫北大人"要去尽虚荣心，而发起自信心"。这段话中，并没说明哪一所大学将取代北大，"隐隐然取得领袖之资格"；但明眼人都能猜到，作为东南大学后继的中央大学，因其"首都大学"的特殊位置，有可能得到政府的大力扶持。

中央大学的学术班底，主要来自东南大学。蔡元培先生既是东南大学的校董，又曾在1921—1926年间多次提及这所诞生不久的国立大学，只是言谈之中，并没有特别推举的意味。尤其论及北大与东大时，作为北大校长，更是取居高临下的姿态。1921年7月16日，蔡元培在旧金山华侨欢迎会发表演说，提到"东南大学新办预科，其幼稚可以想见"；"力量较大者，唯一北京大学，有三千余学生，一百六十余教授，单独担任全国教育，惟力量有限，而中小学校太多，势难联成一气"[1]。1925年4月3日，蔡元培在欧洲游历时，应世界学生基督教联合会的邀请，发表关于中国大学的专题讲演，提及中国人的当务之急是"仿效

---

[1] 《在旧金山华侨欢迎会的演说词》，《蔡元培全集》第四卷57页，北京：中华书局，1984年。

欧洲的形式，建立自己的大学"，而历数中国大学的布局：

> 迄今为止，在北京（首都）有国立北京大学，在
> 天津有北洋大学，在太原有山西大学，在南京有国立
> 东南大学，在湖北有武昌大学，以及在首都还有其他
> 一些大学，所有这些大学，皆直属中央政府，经费由
> 中央政府拨给。最近，几所省立大学也相继宣告成立，
> 其他一些则正在筹建之中。直隶的河北大学，沈阳的
> 东北大学，陕西的西北大学，河南的郑州大学，广
> 州的广东大学以及云南的东陆大学，都有了良好的
> 开端。[1]

到了具体论述时，仍集中在那所位于"首都"的国立
北京大学。曾出任民国首任教育部长，蔡先生思考问题时，
始终保持兼顾全局，而不仅仅局限于北大。其所以选择北
大作为主要推介对象，有对这所大学"非常熟悉"的缘故，
也与他对其时国内各大学学术水平的基本判断有关。

1926 年的双十节，蔡元培发表《十五年来我国大学
教育的进步》，谈及从民国元年的"惟北京、山西各有国

---

[1] 《中国现代大学观念及教育趋向》，《蔡元培全集》第五卷 7—8 页。

立大学一所，各省公立的止有高等学堂"，发展到如今国立、省立以及私立大学合计起来有八十几所，应该说是很大的进步。除北京大学外，文章中特别点出几所大学："又素有美国大学预备科（之称）的清华学校，已扩为大学，在江苏与广东，增了东南与广州（东）两大学，天津的北洋，上海的南洋与同济，均扩为大学了。"[1] 随后的历史证明，蔡先生的判断相当准确，这几所大学日后均前途无量。

在蔡元培眼中，东南大学固然是值得一提的国立大学，但"不过许多大学中的一校"，根本无法与老资格的北京大学相抗衡。可两三年后，风云突变，蔡先生转过来称"北大不过许多大学中的一校"，显然已意识到由东南大学摇身一变而成的中央大学，将对北京大学构成巨大的威胁，甚至可能取代北大而"隐隐然取得领袖之资格"。想想也是，大学固然不同于一般机构，有相对的独立性，其学术传统一旦建成，会有很大的内在驱动力；但在一个教育经费严重短缺、政治干预无所不在的时代，国民政府的抑扬，依然能决定大学的沉浮。毫无疑问，单是首都南迁这一事件，就意味着北京大学与中央大学的命运，必将发生巨大的逆转——"民国最高学府"的桂冠，不再属于

---

[1] 《十五年来我国大学教育的进步》，《蔡元培全集》第五卷 89 页。

北京大学。

原哈佛大学文理学院院长亨利·罗索夫斯基在《美国校园文化》中，强调美国大学的竞争性，使得每个地区都有自己享誉世界的大学，接下来便语带讥讽：

> 存在于巴黎、东京或战前柏林的那种"一步占先，永远优先"的权力，在美国根本就不存在——感谢上帝！[1]

为什么法国的巴黎大学、德国的柏林大学以及日本的东京大学可以"一步占先，永远优先"，最关键的，其实是"首都大学"的特殊地位。这一点，在东方国家表现得尤其突出。落实到中国，便是随着首都的迁移，从政府到学界，都认定教育及学术中心也必须另起炉灶；而当初之改称"中央大学"，追摹的正是这三所具有"国际性""永久性""权威性"的"首都大学"[2]。

此后二十年，深受蔡元培教育观念影响的北京大学，不见得真的坚持了"循'思想自由'原则，取兼容并包主

[1] 亨利·罗索夫斯基著，谢宗仙等译：《美国校园文化》25页，济南：山东人民出版社，1996年。

[2] 参见龚放等编著《南京大学》55页。

义"[1]，但其特立独行、桀骜不驯，以及明显地镇压学潮不力，确实让国民政府很不愉快，以致屡遭冷落与打击。相对来说，曾一度由蒋介石兼任校长的中央大学，虽也有这样那样的波折，其获得的政治上的以及经济上的支持，显然比北京大学要大得多。

在20世纪前半期，由于政权的转移与首都的迁徙，有两所大学曾因成为"首都大学"而独领风骚。其中，北京大学之活跃于1898—1927年，以及中央大学之领先于1928—1949年，似乎是再正常不过的事。这种"风水轮流转"的局面，一旦引入政治史或思想史的判断，便大成问题。比如，国共两党对于1930—1940年代北大与中大各自所起作用的判断，便可能天差地别；今日中国，知识分子与行政官员对于北大自由主义传统的体认也不尽相同。国民政府之扶植中央大学而压制自由主义传统强大且学潮频繁的北京大学，在当年的激进知识分子看来，此举并没有使得北大"边缘化"，反而使其"殉道者"的形象更加完美。共产党掌握政权后，建都北京，中央大学不只失去"首都大学"的光环，更因其与国民党政权千丝万缕

---

[1] 《致〈公言报〉函并答林琴南函》，《蔡元培全集》第三卷271页，北京：中华书局，1984年。

的关系而受到严重质疑乃至压抑。直到最近十年，中央大学在中国现代教育史上的地位，方才得到比较公允的评价。

1950 年代以后，史家对于北大与中大的评判，牵涉整个中国现代政治史的叙述，非三言两语所能打发。不妨暂时退后一步，将问题局限在教育史，而且只谈北大、中大地位的逆转。国民政府将中央大学视为嫡系，鼎力扶持，而对学潮不断的北京大学则不无戒心，这不必教育史家论证，略具常识的人都能猜想得到。可也正因为"路人皆知"，很容易有"想当然尔"的引申发挥。比如，1920 年代末中央大学便已一枝独秀，其"系科数、学生数、教职员数和年经费数都几近于清华、交大、武大、浙大四校的总和"；"据说到了 1948 年，北京大学的教职员只有几百人，而南京中央大学则有将近两千人"[1]。这两组数字，表面上看来很有说服力，但经不起认真的推敲。

第一组数字虽注明资料来源，据《申报》1931 年 1 月22 日发表的教育部工作概况统计，实际上是得自龚放等编著的《南京大学》第 57 页，而且上了编著者"删繁就简"得当。该书为了印证"中央大学成立初时，颇具一番'首

---

[1] 参见罗岗：《人文教育与人文精神——与王晓明对话》，载《面具背后》192 页，上海教育出版社，2002 年。

都大学'的气象",选择性地提供了"国内五大学"的基本情况。而被故意隐瞒的两个重要事实，明显不利于中央大学"一枝独秀"的结论。第一，其时国立中山大学的规模远大于清华、交大、武大、浙大四校，与中央大学差别无几。请看以下三组最为关键的数据。学生数：中央大学1731人，中山大学1625人；教职员数：中央大学565人，中山大学410人；年度经费：中央大学1555162元，中山大学1266564元[1]。第二，北京大学的缺席，使得这一表格的权威性必须大打折扣。这倒不是史家刻意隐瞒，而是没有发现漏洞，仔细追究。前一天的《申报》上已经说明，此表格"仅有十七年之高等教育统计"[2]；而1928年的北京大学，已被奉系军阀张作霖加以改组，弄得面目全非。直到1929年8月6日，"国立北京大学"方才真正复校。而《申报》1929年12月27日的两则报道，让我们明白，其时中大虽略占上风，但北大的力量依然不可小视——前者有在校生1839人，后者则是1239人[3]。

第二组数字只是"据说"，不详典出何处，但按目前

---

[1]　参见《申报》1931年1月22日《教部半年来工作概况统计（二）》。

[2]　参见《申报》1931年1月21日《教部半年来工作概况统计（一）》。

[3]　参见刊于《申报》1929年12月27日的《北大学生前后之统计》和《中大学生人数最近统计》二则。

掌握的材料，此数据很可能失实。以 1947 年为例，北大教师有说是 587 人的，也有说是 761 人的，二者均有当年北大校方的统计表作为依据 [1]。中央大学呢，有说全校教师 779 人的，也有称全校教职员 1266 人的 [2]——后一个数字，明显来源于 1948 年商务印书馆刊行的《第二次中国教育年鉴》第五编 "高等教育" 部分，可在此年鉴中，中大教师总数为 752 人。考虑到当年教师流动性强，加上统计方法不太严密（比如，如何处理兼职便是个难题），数字之间互相打架，并非 "不可理喻"。为了相对公平起见，这里选择教育部组织编纂的《第二次中国教育年鉴》，看看这两所大学抗战胜利复员回到南京和北京后的局面。

将年鉴所记载的 1947 年中央大学和北京大学的学生、教职员以及经费的统计数字，两相比较，真的耐人寻味。学生人数一目了然，中大 4068 人，北大 3478 人，有差距，但不是很明显。教职员的情况比较复杂，中大共有教职员 1266 人，其中教授 293 人，副教授 57 人；北大则只提供

---

[1] 参见萧超然等著：《北京大学校史》（修订本）416 页，北京大学出版社，1988 年；王学珍等编《北京大学纪事》上册 369 页，北京大学出版社，1998 年。

[2] 参见龚放等编著：《南京大学》72 页和龚放等著《南大逸事》代前言 "老树春深更著花"。

了各种具体数据（教授 201 人、副教授 64 人、讲师 198 人、助教 302 人、职员 575 人），略做统计，不难发现，北大的教职员人数比中大还多，共计 1340 人。更有意思的是两校经费，经过各三次追加拨款，中大和北大的经费居然一模一样，都是"总计全年经常费为国币 3634600000 元"[1]。其他大学的经费全都参差不齐，唯独中大和北大"一碗水端平"，可以想见主持其事者的煞费苦心。

南京国民政府欣赏中央大学而不太喜欢北京大学，这点没有任何疑问。问题在于，北大在国内外学界有着巨大的影响，不可能轻易抹杀。而国民党的文化官僚中，也不乏北大出身者，对母校自然呵护有加。过分夸大迁都南京或复员归来后国民政府对于北大的打压，在我看来，不是很恰当。

北大的发展真正受到严重限制的，其实是备受赞美的西南联大时期。抗日战争中，漂泊西南的北大、清华、南开三所著名大学，奉部令组成国立西南联合大学。西南联大在现代中国教育史上名声显赫，至今仍"笳吹弦诵情弥

---

[1] 参见《第二次中国教育年鉴》第五编"高等教育"，载《中华民国教育年鉴》第八册 589—599 页，台北：宗青图书出版公司影印，1991 年。

切"[1]，但很少有人追究这一光荣背后的阴影。不管国民政府是否有意，将北方三大名校合成一"名师荟萃"的西南联大，其实是矮化北大而拔高中大。此举如何严重限制了这三所大学自身的发展，在没有看到政府年度拨款报告之前，不妨先以招生数目为例证。

据 1937 年 3 月 7 日《北平晨报》报道，北大现有在校生 1031 名[2]；而龚放等编著《南京大学》则称，1937 年度中央大学在校生有 1072 人[3]。中间虽只相隔半年，因有抗战爆发学校西迁这一重大事件，上述数字只能仅供参考。但抗战前中大和北大学生数量相差不是很大，这点我想可以肯定。到了 1944 年，情况便大不一样了。中央大学在校学生 3837 人，全校教师 590 名，其中教授、副教授 290 名[4]。由北大、清华、南开三校合并而成的西南联大呢？查《国立西南联合大学历年在校学生人数统计表》，1944 年文、理、法、工、师范等学院以及研究院和各专修科学

---

[1] 西南联大北京校友会所编的西南联大五十周年纪念文集，题目就叫《笳吹弦诵情弥切》（北京：中国文史出版社，1988）。此语明显从罗庸等作词的《西南联大校歌》变化而来："尽笳吹弦诵在春城，情弥切。"

[2] 参见王学珍等编：《北京大学纪事》上册 235 页，北京大学出版社，1998 年。

[3] 参见龚放等编著《南京大学》66 页。这里所举学生数，应是中大西迁四川后的统计。

[4] 参见龚放等编著《南京大学》66—67 页。

生合起来，总共也才 2058 名 [1]。而另外两个表格《国立西南联合大学三十三年度教员名册》和《国立西南联合大学三十三年度教授、副教授名单》则告诉我们，其时西南联大共有教职员 382 名，其中教授、副教授 179 名 [2]。也就是说，作为整体的西南联大，其办学规模约略等于中央大学的三分之二。考虑到中央大学和西南联大均为国立大学，其经费来源一样，单看这两组数字，便能明白国民政府的态度。

当然，老大学有老大学的好处，一旦回到北平，北京大学如鱼得水；深厚的文化学术传统，使其得以迅速发展，很快又可以向中央大学叫板。最明显的例子，便是前面提及的 1947 年度财政拨款二者平分秋色。

抑扬褒贬这两所民国年间最为著名的大学，并非本文的目的；之所以罗列大串琐碎的数字，无非是想纠正若干流传甚广的说法。第一，中央大学的迅速崛起，确实得益于国民政府的着意扶持，但这不完全是意识形态的缘故，"首都大学"的定位，很大程度决定了 1928 年后北大与中

---

[1] 参见北京大学等编：《国立西南联合大学史料》第五册 3—4 页，昆明：云南教育出版社，1998 年。

[2] 参见北京大学等编：《国立西南联合大学史料》第四册 156—176 页，326—328 页。

大的命运。第二，北京大学深厚的自由主义传统，以及一次次有明显党派背景的学潮，确实为国民政府所厌恶乃至嫉恨，但关于北大所受挤压的描述，不宜过分夸大其词。第三，中央大学日后的发展，以及其学术上的基本风貌，其实与南京高师和东南大学所奠定的根基大有关系，刻意渲染"首都大学"之占尽天时地利人和，效果可能适得其反。第四，不主张在教育史或思想史的论述中将北京大学与中央大学决然对立起来，因中大历任校长中，北大出身的罗家伦是很有作为的一位；中大文科的著名教授中，更有不少曾在北大念过书或任过教。

（初刊《文史知识》2002 年 5 期）

阅读"南开"

　　一时兴起，议论起"老北大"，没想到岔路上竟碰上了新地雷，险些被炸得"粉身碎骨"。朋友中颇有频频摇头、劝我回归文学的。每当这个时候，我总是笑而不答——不是不知越界操练之讨人嫌，而是割舍不了"阅读大学"时产生的强烈兴致。好在一副"业余选手"的架势，专家们尽可一笑置之。

　　其实，单是喜欢"走马观花"，拒绝"从一而终"这一点，就足证我并非合格的"校史专家"。除了与自家问学经历略有瓜葛的北大、中大、清华、燕大、西南联大，我还对另外三所大学耿耿于怀：那就是东南大学（中央大学、南京大学）、南开大学和无锡国专。开列如此庞杂的大学名单，一看就是"别有情怀"。并非专业的教育史家，我之谈论大学，不太涉及办学规模、经费预算以及综合实力评估，而是注重其有无独立的精神、鲜明的个性。私心以为，上述几所大学的历史，值得有心人认真体贴与追摹。

从感兴趣到从事专门研究，隔着千山万水。除了"老北大"略有把握，其他大学的历史与现状，我所能做的，仅限于茶余酒后的闲谈。可一个偶然的机缘，促使我打破禁忌，品评起我所不太熟悉的南开来。

去年，为纪念南开大学创建八十周年，出版社推出了不少相关读物。我所见到的，就有历届校友所撰的《回眸南开》、新一代南开人别具一格的"记忆"《南开故事》、专业色彩甚浓的《南开新闻出版史料》、侧重文化普及的《南开的脚步》等。再加上前一年的《南开逸事》[1]，关于这所大学的"故事"，可以说已经初具规模。

对于从未踏进南开校园的读书人来说，阅读"老南开"时，碰到的最大障碍是很难进入规定情景。借助历史照片、档案资料和回忆录，建立"虚拟的现场"，本来是此

---

[1] 参见南开大学新闻中心编：《回眸南开》，天津：南开大学出版社，1999 年；祝晓风编《南开故事》，天津教育出版社，1999 年；崔国良等主编：《南开新闻出版史料》，天津：南开大学出版社，1999 年；刘景泉等主编：《南开的脚步》，哈尔滨：黑龙江少年儿童出版社，1999 年；梁吉生主编：《南开逸事》，沈阳：辽海出版社，1998 年。

类著述的不二法门。可惜，除了陈省身的《最美好的年华是在南开度过的》、郭沛元的《管窥之见》、南周的《复校后南开人的生活》分别提供了1920、1930、1940 年代的若干生活场景，余者多为人物介绍。人物介绍中，自然也有好文章。比如，我对柳无忌之谈梁宗岱、蔡美彪之怀张伯苓、刘泽华之记郑天挺、肖黎之状雷海宗、宁宗一之写许政扬，均极感兴趣。回忆文章本以真挚感人，特别忌讳为文造情，任何一个夸张的语句，或矫揉造作的表述，都可能让敏感的读者掉头而去。尤其是"老南开"不同于"老北大"，不以"名士风流"著称，其"缅怀故老"诸文，显得比较平实，符合这所学校的一贯风格。作为读者，我欣然接受此等不太有文采的笔墨。

"新南开"的情况不一样，离得很近，完全有可能提供更为详尽且生动的生活场景。实际上，《南开故事》所呈现的新一代南开人的"记忆"，便显得鲜活得多。后者的标榜"民间性、个人性"，强调"不要溢美，尤其要杜绝自恋"，自是可取，可实际操作起来很不容易。被作为"反面教员"提及的"北大百年"，确有不如人意处，但并非一概"庸俗不堪"，论者若能仔细分疏，当更具说服力。"回忆"不同于"忏悔"，本来就倾向于避难就易、舍苦取甜，更何况是"为校庆八十周年而作"。略为了解"庆典仪式"

以及"纪念文章"的特性者，对其狂欢节般的亢奋与众声喧哗的嘈杂，会有比较通达的理解。

当年刘半农为《北京大学卅一周年纪念刊》撰稿，提及纪念文章之难写，称不外"说老话"与"说好话"两种做法（《北大河》）。可偶尔也有出新意于法度之中者，或以梦想代替总结，或以鞭策转化批评，或发掘其不曾意识到的优势，或表彰其已经失落的传统，而所有这一切，大前提是"与人为善"，给人"补台"而非"拆台"的感觉。校方组织的不用说，即便是校友自发印行的纪念集，也都不脱"扬长避短"的路数。其实，这也没什么不对，关键是"所扬"必须是真正的"所长"。这样，读者略为打打折扣，还能得到这所大学的精神风貌——起码也知道当事人的期待与向往。因此，我读各种国内外大学的纪念册，从不指望在其间找到深刻的自我反省；当然，也从未将其自述等同于现实中的大学形象。

纪念一所历史悠久的大学之诞生，从来都是立足当下、面向未来，而不是简单的怀旧。因此，只要不太离谱，多说点好话没关系。说到底，所谓"追根溯源"，很大程度是为了建立工作坐标与方向感。庆典上的自我表彰，历史学家不必过于当真，倒是致力于教育改革者，不难从这所大学的"形象设计"中体会当事人的价值取向与工作目标。

比照庆典中的不同声音，以及不同出版物之间的差异，又可以让我们理解这所大学的真实现状。正是基于这一设想，我对一般视为"俗务"的大学庆典及其出版物抱有浓厚的兴趣。

至于南开之进入我的视野，不是缘于我对这所大学特别熟悉，反而是意识到自家的无知，想补补课。在现代中国教育史上，南开的重要性不言而喻；可在教育逐渐成为热门话题的今日，历史上与现实中的南开，都未引起学界的足够重视。这是我拜读上述书籍的初衷。

掩卷沉思，承认大有收获的同时，我还是略感遗憾。不是说里面没有好文章，也并非讲述的逸事不够精彩，而是嫌这些书的编辑思路严重受制于"北大百年"出版物——即便偶尔也表达"反叛"的愿望。

每所成功的大学，都有自己独特的个性；而性格迥异的大学，不见得都适合于从"逸事"的角度切入。而且，在我看来，必须是有"精神"支撑的"逸事"，方才值得史家认真对待。在我的印象中，张伯苓为代表的南开人，以脚踏实地、埋头苦干、敬业乐群著称，而不以风神潇洒见长。一个突出的表征，便是解放前的南开大学，文科方面侧重直接影响社会的政治与经济，中国文学系则完全没有立锥之地。这与老北大之注重文史哲，形成了鲜明的对照。老南开不设中文系，是一种自觉的选择，张伯苓校长的"固执己见"[1]，后人尽可"具了解之同情"。但有一点，如此设置科系，与南开之形成重实用、黜空谈的校风，不无关系。因此，让老南开与老北大比"逸事"，实在是不得要领。

这一粗浅的印象，在读完华银投资工作室所著《思想者的产业——张伯苓与南开新私学传统》[2]后，得到进一步的强化。我不只认同该书之将大学作为"课题"而不是"闲话"来谈论，更赞成其关于这所私立大学的精神品格及办学思路的基本论断。作者再三强调，同样主张教育救国，创办南开的张伯苓，发展出一种迥异于蔡元培、梅贻琦等的"实业兴学"路线。而南开之"私立"，不只体现在经济上的自筹资金，更落实为文化精神上的"特立"与"自立"。一般人认为，政治立场偏于保守、极少高谈阔论的张伯苓，只是个很好的"实干家"。而该书一反"常识"，强调张校长作为"思想者"的功业，即努力发掘张伯苓教育理念及其办学实践在思想史上的意义。

[1] 参阅黄钰生《读〈南开大学校史〉(稿)随笔》，见申泮文主编：《黄钰生同志纪念集》156 页，天津：南开大学出版社，1991 年。

[2] 华银投资工作室著：《思想者的产业——张伯苓与南开新私学传统》，海口：海南出版社，1999 年 10 月。

此前，我也曾阅读过若干有关南开的资料，比如《严修东游日记》《张伯苓纪念文集》《黄钰生同志纪念集》《南开大学校史资料选》等[1]，当时就隐隐约约感觉到，作为中国最著名的私立大学，"南开之路"非同寻常。如果说20世纪中国高等教育有什么"奇迹"的话，那么，很可能不是国立大学北大、清华的"得天独厚"，也不是教会大学燕大、辅仁的"养尊处优"，而是私立学校南开的迅速崛起。从1898年南开中学前身严馆时期的六个学生，发展到1948年的包含大、中、女、小、渝五部，在校生达四千余人的一代名校，南开的发展是"超常规"的。考虑到这几十年间战乱频仍，政治经济环境相当恶劣，张伯苓竟能开创如此辉煌的事业，后人很难不深表敬佩。

无论任何时代，办教育——尤其是大学教育，前提是有理想、能操作、肯吃苦。如此投资大、周期长、见效慢的事业，确实不是"聪明人"所愿为。但也有好处，那就是，"教育"作为一种事业，正如胡适所言：只要肯耕耘，必定有收获。在这个意义上，所有的教育家，骨子里都是不

---

[1] 参见武安隆等点注：《严修东游日记》，天津人民出版社，1995年；南开大学校长办公室编：《张伯苓纪念文集》，天津：南开大学出版社，1986年；申泮文主编：《黄钰生同志纪念集》，天津：南开大学出版社，1991年；《南开大学校史资料选》，天津：南开大学出版社，1989年。

可救药的乐观主义者。自称"于教育事业，极感兴趣，深具信心，故自誓终身为教育而努力"的张校长[1]，之所以坚持大学"私立"，绝非只是贪图操作程序的简便（实际上南开的筹款压力始终没有缓解），必定有更深沉的考虑。《思想者的产业》正是抓住这一点，努力挖掘并阐发张校长"私立民有"的大学理念。

看得出来，论者不以历史叙述自限。如果我没猜错的话，作者在表彰"张伯苓与南开新私学传统"时，心中也横着当下民办大学蹒跚学步的身影。割断了几十年的私学传统，终于在 90 年代得到恢复，这曾经让许多有心人欢欣鼓舞。可现在看来，如雨后春笋般冒出的民办大学，其处境及实绩并不十分理想。据说，去年北京民办高校的在校生以及毕业生的总数，均已超过了公办高校[2]。至于这些民办高校的整体水平，无论记者还是专家，均"不好妄加评论"。倘若"大学"之"私立"，其作用仅限于扩大高等教育规模，化解过于强大的升学压力，而没有独立的思想／文化定位，实在有点可惜。我想追问的是，什么时候民办高校中的佼佼者，方能像当年的南开那样，凭借其雄

[1] 参见张伯苓《四十年南开学校之回顾》，《南开四十周年纪念校庆特刊》，1944 年 10 月。

[2] 参见 2000 年 2 月 12 日《北京日报》的相关报道。

厚的学术实力，挑战北大、清华的权威地位？

回过头来，自是格外欣赏张伯苓与老南开所创造的很可能后人永远无法企及的"教育史上的奇迹"。

（初刊 2000 年 4 月 12 日《中华读书报》）

怀想西南联大

由北大、清华、南开以及云南师大合编的《国立西南联合大学史料》，对于近年急剧升温的"西南联大热"来说，可谓"火上添油"。全书共六册，分总览卷、会议记录卷、教学科研卷、教职员卷、学生卷、经费设备校舍卷，排版印刷均很讲究，配得上这 20 世纪中国教育史上最辉煌的一页。

"史料"不同于体系严密的"通史"，更不同于趣味盎然的"故事"，其阅读需要一定的知识准备。可一旦读进去，纵横驰骋，点石成金，真的"其乐无穷"。这种自主性很强的阅读，其实不限于专门家，任何一个对西南联大历史感兴趣的读者，都可如入宝山，保证不会空手而归。

抗日战争中由北大、清华、南开三校组成的西南联大，乃战时中国的最高学府。其环境之恶劣与成绩之显著，形成极为鲜明的反差，以致今人看来，有点"不可思议"。因先后问学的几位导师出身西南联大，我对其时学校设施之简陋、师生生活之艰难略有所闻。即便如此，翻阅"史料"时还是很受冲击。收在第一册的《西南联大概况调查表》（1945 年 5 月）称："近来昆明物价飞腾，教职员一般皆入不敷出，负债借薪度日"；学生"虽有公米可购，而柴菜昂贵，颇有营养不足之虑"。这些还略嫌抽象，真正让我大吃一惊的是"图书总数及增添情形"："中文总数33910 册，西文总数 13478 册，每年添书约五百册。"[1]只要稍有读书、藏书经验者，就会明白这数字背后的辛酸与沉重。堂堂中国最高学府，中西文藏书合起来还不到六万（请注意，今日北大图书馆藏书 461 万册），真不知教授们如何"传道授业解惑"。开始以为排版时漏了一个零，可核对第六册所收众多图书馆报告，证实此数字准确无误。

只有这个时候，我才理解西南联大为何需要制定那么严苛的图书借阅制度。1939 年关于阅览室、借书处、书库证等若干规定，1943 年被综合而成《西南联大图书馆

---

[1] 《西南联大概况调查表》，载北京大学、清华大学、南开大学、云南师范大学编《国立西南联合大学史料》第一册 10—11 页，昆明：云南教育出版社，1998 年 10 月。

阅读指南》。该"指南"规定：学生一般在阅览室读书，每次只能索书一册，且以四小时为限。正在撰写论文的四年级学生可凭论文导师证明，借阅与论题相关书籍三册，时间一周；如无他人需要，可续借一次；若到期不还，除停止借书权利外，还按管理规则予以处分[1]。我先读的是第二册"会议记录卷"，当时很惊讶西南联大常委会为何经常议决处罚学生，而最常见的理由竟然是违反图书管理规定。等到阅读第六册"经费设备校舍卷"，了解联大图书馆的收藏以及相关规定，方才废书长叹——如此不近情理的规定，实不得已而为之！

第一册"总览卷"所收《国立西南联合大学纪念碑碑文》，在中国读书人中广为传诵；更因燕园立有此冯友兰撰文、闻一多篆额、罗庸书丹的名碑，我对其可谓"耳熟能详"。可重读一遍，照样还是感慨万千。碑文称西南联大可纪念者有四，最让我感动的是第三："联合大学以其兼容并包之精神，转移社会一时之风气，内树学术自由之规模，外来民主堡垒之称号，违千夫之诺诺，作一士之谔谔，此其可纪念者三也。"[2] 碑文力求简洁，有些话无法敞

---

[1] 参见《国立西南联合大学史料》第六册 297—314 页

[2] 冯友兰：《国立西南联合大学纪念碑碑文》，《国立西南联合大学史料》
第一册 283—284 页。

开来说。比如此"兼容并包之精神",一般人都会联想到蔡元培校长确立的老北大传统。这当然没错,可在战时特殊环境下,西南联大之所以能坚持"兼容并包之精神",成为大后方重要的"民主堡垒",还必须提及由清华大学带入的教授会制度。

著名经济学家陈岱孙曾撰文,高度评价梅贻琦校长之建立教授会制度,称其:"在校内,它有以民主的名义对抗校长独断专权的一面;在校外,它有以学术自主的名义对抗国民党派系势力对教育学术机构的侵入和控制的一面。"[1] 而西南联大决策和管理之相对民主,与梅贻琦长期主持常委会工作,以及教授会制度的确立不无关系。西南联大的教授会,比起清华时期来,权限有所缩减,基本上属于咨询机构[2];但在处理突发事件的关键时刻,教授会挺身而出,支持学生争取民主运动,作用非同小可。

1945 年 11 月 25 日晚,西南联大等四校学生自治会召开反对内战呼吁和平的集会,在教授们的演讲声中,会

---

[1] 参见陈岱孙《三 40 年代清华大学校务领导体制和前校长梅贻琦》,载黄延复等编《梅贻琦与清华大学》145—155 页,太原:山西教育出版社,1995 年。

[2] 参见《西南联大教授会组织大纲》,《国立西南联合大学史料》第一册 111 页。

场四周响起恐吓性的机关枪、冲锋枪、小钢炮声；散会之后，交通又被军警断绝，数千与会者在寒风中颤抖。第二天，各校学生相继罢课，以示抗议。12 月 1 日，大批特务和军警闯进联大等五处校园，捣毁校具，殴打师生，导致四人牺牲，十一人重伤，昆明学生争取民主运动由此迅速展开[1]。关于这一历史事件，史书中多有记载；我关注的是校方及教授们在此"危机时刻"的态度及反应。第二册"会议记录卷"里，包含常委会、校务会和教授会三部分，恰好都有关于此次运动的记载，值得认真品读。

事件期间，常委会开过四次会，讨论了很多问题，也做了不少决议，除第三五七次会议议决"由本委员会即函本大学全体教师分别劝导学生于下星期一一律复课"和"推请本大学教务长、训导长、总务长代表本大学出席明日之本市各界为死难学生丧葬善后会议"外[2]，其余均与此无关。校务会也开过四次会，每回议程倒是紧扣此事，只是决议很简单，没有多少约束力。在整个事件处理过程中，最为活跃的，当属教授会：共举行了九次会议，每回均有

[1] 参见闻一多《一二·一运动始末记》，载《国立西南联合大学史料》第一册 254—256 页。

[2] 《国立西南联合大学常务委员会会议记录·第三五七次》，载《国立西南联合大学史料》第二册 407—408 页。

决议，且态度明确，措施得力。比如，第一次会议"推冯友兰、张奚若、钱端升、周炳琳、朱自清、赵凤喈、燕树棠、闻一多八先生为抗议书起草委员"；第二次会议"推派周炳琳、汤用彤、霍秉权三先生参加死难学生入殓仪式，代表本会同人致吊"；第三次会议组成以周炳琳为首的法律委员会并委托其"搜集有关本次事件之史料"，准备起诉云南军政首领，"务期早日办到惩凶及取消非法禁止集会之命令"[1]。如此有条不紊地展开工作，边要求学生复课，边敦促政府惩凶，对于保证此次民主运动之有理有利有节，起了重要作用。

如此叙述，很可能给人教授会非常勇敢，而常委会和校务会则相当懦弱的印象。教授比校长激进，普遍倾向于支持学生的民主诉求，这一点毫无疑问。我想补充的是，问题可能还有另外一面，即不排除这种由教授会出面发表抗议声明、安抚学生复课并起诉军政当局，包含校方的策略选择。因仔细观察你会发现，危机期间，梅贻琦等学校领导，也都参加甚至主持了若干次重要的教授会。

回到陈岱孙对清华大学教授会制度的总结，以及冯友兰关于西南联大如何"内树学术自由之规模，外来民主堡

---

[1] 参见《国立西南联合大学史料》第二册 550—564 页。

垒之称号"的表彰，你会明白，一个已经消逝了半个世纪的大学，何以还能吸引那么多知识者的目光。单是"艰苦创业"或"人才辈出"，似乎还不足以穷尽西南联大的魅力。

（初刊 2000 年 7 月 16 日《新民晚报》，
原题《过去的大学》）

教育史上的奇迹

——西南联大的意义

想象一下，今天的北京大学、清华大学、南开大学合并成一所大学，会是怎样的情景？也许很多年轻的大学生们都不知道，中国现代史上就曾出现三校合并的"奇迹"——国立西南联合大学。12月15日上午，北大中文系教授陈平原，在浙江人文大讲堂上如此评价它："在我看来，西南联大比今日北大更接近蔡元培先生'兼容并包'的大学理想！"

这所大学其实只有九年不到的历史。"七七"事变后不久，平津很快陷落。1937年8月，国立北京大学、国立清华大学和私立南开大学在长沙组成国立长沙临时大学，1938年西迁昆明，更名"国立西南联合大学"。1946年抗战胜利，联大"胜利关闭"，三校各自北归。

陈平原认为，我们今天谈论西南联大，不仅仅为了好玩，或只是怀旧，更重要的是反省——21世纪中国的"大学之道"，到底该往哪儿走？

"联大有什么值得骄傲的？联大有精神：政治情怀、社会承担、学术抱负、远大志向。联大人贫困，可人不猥琐，甚至可以说'气宇轩昂'，他们的自信、刚毅与聪慧，全都写在脸上——这是我阅读西南联大老照片的直接感受。西南联大是个奇迹，在战火纷飞的年代，它不仅没被摧毁，还发展壮大了。"

陈平原还以一个史家的忠诚，特别补充说明，这不仅仅是属于西南联大一家的奇迹。中山大学、同济大学，包括近在眼前的浙江大学，等等，都曾经历了可歌可泣的大学迁徙故事。"当年的中央大学农学院实习农场职工甚至花了一年时间，把荷兰种乳牛等家畜、家禽迁移到大后方，为的只是它们是实验改良的品种。"这其中蕴含着多少让后人肃然起敬的敬业精神。

今天人们谈论大学精神，大多会以西南联大作为例证。陈平原觉得，在中国大学日渐富有、也日渐世俗化的今日，谈论已经隐入历史深处的、"破破烂烂但却精神抖擞"的西南联大，也算是"别有幽怀"。

"在我看来，谈论联大的意义，对今日中国正热火朝天地开展的建设世界一流大学有启示。大学的使命，除了传播知识，更为永恒的命题在于探索、思考，以及挑战各种成规。"

片段一：留下了"读书种子"

在西南联大史料中，我曾看到这样一个故事：当联大师生徒步迁徙经过玉屏县时，看到县城里到处张贴着一份署名县长刘开彝的布告，布告内容大致是：国难当头之际，大学生是振兴民族的领导者，全县人民必须爱护。现在他们要经过此地，因本县无宽大旅店，县城内的商民住宅，都要开放作为各大学生的住所。大家要将房屋腾让，打扫清洁，并提供种种便利。

抗战中，平津以及东南沿海几十乃至上百所大学迁徙到大后方。经历如此大规模内迁，中国大学在战争中没被摧毁，反而发展壮大。这其中有许多原因，比如普通民众的大力支持等。但我要说的，还有一个重要原因，那就是中国人对于学问的重视。在这一点上，国民政府的决策是正确的。他们意识到这是一场长期战争，日后建设需要专业人才，所以，没让大批大学生和教授上前线。当时的教育部在详加考虑后认为："抗战既属长期，各方面人才直接间接均为战时所需要。我国大学本不甚发达，每一万国民中仅有大学生一人，与英美教育发达国家，相差甚远。为自力更生抗战建国之计，原有教育必得维持，否则后果将更不堪。至就兵源而言，以我国人口之众，尚无立即征调此类大学生之必要。故决定以'战时需作平时看'为办理方针。适应抗战需要，固不能不有各种临时措施，但一切仍以维持正常教育为主旨。"教育部调整了学校的布局，特意搬迁了一些学校到西南、西北；调整课程，大量扩充理、工、农、医等专业，以适应战争需要；同时指令各高校，必须开设许多与抗战教育相关的课程。虽然有为战争服务的实用知识传授，但在西南联大等，还是侧重基础学科，数理化方面尤其突出。

"维持正常教育"，这句话非常重要。比起苏联卫国战争中，很多大学师生上前线当列兵，最后牺牲在战场上，结果是大不一样的。国民政府只是在关键时刻，才征召西南联大学生给美军当翻译。这样的决策，必须给予肯定。其客观效果是，为日后的经济发展与文化建设留下了"读书种子"。

片段二：联大人胜在"心态"

战争烽火中的中国大学，发生了很多今天看起来不可思议的事情。

1941年12月太平洋战争爆发，日本兵开进燕京大学，日后的北大教授林焘等一行6人投奔自由，从北平辗转来到成都燕京大学复学，这个路程一般只需要20来天，他们竟走了两个多月。联大教授浦江清从上海出发，花了177天，经苏、皖、赣、闽、粤、桂、贵、云8省，穿越重重封锁，来到昆明任教，只为践西南联大之约。表面上看起来，学者们似乎埋头著述，为学问而学问，如金岳霖写《论道》，冯友兰写《新理学》。可实际上，满腔悲愤无处发泄，这种悲愤正是他们著述的动力。金岳霖的书名为《论道》，有人问他为什么要用这么陈旧的名字，回答是：有中国味。他觉得，哪怕只是一点"中国味"，也是对抗战有利的。

那时联大文学院师生们谈论得最多的话题之一就是"六朝"，背后的因素是"南渡"。因为，中国历史上好几次"南渡"，全都没能复国，这是他们最担心的。南渡的悲愤，北归的期待，艰难中崛起，这种信心与意志，构成了战争环境下的"大学故事"。

所以，在我看来，西南联大的贡献，精神是第一位的。从另一个角度，可以说，联大的历史，是一部中国读书人的"心态史"。联大学生何兆武后来在《上学记》中提到当时的"幸福感"——西南联大时期，大家直觉：战争一定胜利，战后会是一个非常美好的世界，一定能过上美好的生活，所以，我们是幸福的。

从那个年代走过来的大学生，普遍对"责任"二字有很好的理解。朱光亚接受采访时说，那一代人觉得，学成归来，报效祖国，那是理所当然的。不像今日，需要找到什么理由。中国的原子弹爆炸后，美国人一直不相信这是中国人自己造的，认为一定有外国人在其中帮忙。上世纪70年代，杨振宁回北京时，追问好友邓稼先，到底有没有外国人参与。当他最后一刻准备登机离开时，收到邓稼先的一封信，回答是：没有！那一刻，杨振宁潸然泪下，个中滋味，有没有对自己不能报效祖国的愧疚呢……

我说这些，是希望诸位和我一起，体会前辈学者读书做学问的"态度"，以及那种"压在纸背的心情"。

片段三：全力培养本科生

现在评价一个大学，主要看它的学术成果如何。那么，从这个角度，如何看待西南联大？有校友回忆，说当年联大在数理知识的传授上，已是非常接近世界先进水平了。而已故数学大师陈省身则称："大家都是矮子的时候，它比较高一点，没什么了不得。"

毫无疑问，这个生存在动荡不安战争年代的大学，"生产"了很多著名人物，包括诺贝尔奖得主杨振宁和李政道。但请大家注意，联大校友中，理科方面的著名人物，绝大多数都留洋。事实上，西南联大最大的"学术成就"，是它的成功的本科教育。

杨振宁在《读书教学四十年》中回忆："我们那时候所念的课，一般老师准备得很好，学生习题做得很多。所以在大学的四年和后来两年研究院期间，我学了很多东西。""当时，西南联大老师中有学问的人很多，而同时他们对于教书的态度非常认真。这些学校的教师对于教学的认真的态度都很好，比起美国今天的最好的大学的老师教本科生的态度，平均讲起来要好。这个结果是，一个好的学生可以学到很多的东西，学到很瓷实的知识、学到很深入的知识、学到很广的知识。"

李政道则这样形容他的老师们："他们看见有一个优秀的学生，都是全副精神要培养的。"为什么会这样？我的理解是，除了教书育人的理念，还有一个原因，在那样艰苦的条件下，学校实验设备很差，好些专业的教授没有条件做专深的研究。所以，教授的主要精力都放在培养学生上。这不同于今日中国大学之拼命发展研究院。本科教学不受重视，是今天中国大学一个很严重的问题。很多老师不愿意给本科生上课，这其中存在制度方面的原因。比如，评职称时，似乎只有研究成果才能够明显体现一个老师的水平，而教学是虚的，很难用一个量化的标准来衡量。每次评职称，因为教学好而评上的，很少很少。加上很多大学，尤其是不太自信的大学，都会把论文的数量作为一个硬杠杆来要求老师，最终导致老师们在本科教学上不用心。

没有能力大规模发展研究生教育，无法强调专深的学术研究（人文学另当别论），这本来是战争状态下中国大学的局限，可西南联大的这一缺陷，反而成全了教学，尤其是本科生的教学。联大九年间培养的研究生数量很少，真正完成毕业论文的，总共不足百人；但它培养的本科生，后来不少却做出非常出色的业绩。他们当中有人回忆说，出国后，发现自己的专业基础水平并不逊于国外名校的学生。

片段四：今天我不想谈校长

谈到西南联大，总有人要求我谈当时北大、清华、南开的三位校长。可我拒绝从校长的角度来谈西南联大，为什么？时人喜欢从校长说起，我猜测这其中也许有"官本位"的因素。或者说，人们习惯于这么讲故事，从校长说起，线索简单，效果也好。但我认为，这不是对历史负责的态度。三位校长中，长期在昆明的是梅贻琦。他将自己比喻成京戏里的"王帽"角色："他每出场总是王冠齐整，仪仗森严，文武将官，前呼后拥，'像煞有介事'。其实会看戏的绝不注意这正中端坐的'王帽'，他因为运气好，搭在一个好班子里，那么人家对这台戏叫好时，他亦觉得'与有荣焉'而已。"

当大量档案、公文、小说散文、书信日记、回忆录等展现在我面前时，我看到的不是一个"校长的故事"，而是五彩缤纷、生气勃勃的西南联大。

在西南联大，北大的兼容并包（学术自由）、清华的教授治校（严格要求）、南开的应用实干（坚忍不拔），三者合起来，去弊存精，形成了西南联大的精神和校风。而在体制上，以清华的"教授治校"贡献最大。联大不以校长或学生，而以教授为中心。而这一知识共同体，有共同的精神志趣，也有大致相同的学术背景。当时三校共拥有179名教授（含副教授），其中97人留美，38人留欧陆，18人留英，3人留日。3名常委中，2人是留美的；5名院长都是留美博士，26 名系主任，除中国文学系外，均为留学归来的教授。

教授治校的制度，基于对知识共同体的信任——大家有大致相同的学术理念，能够同舟共济。而且，这三所大学战前就有很多联系，教授中多的是在这中间自由转换、互相兼课的，故合作起来没有任何障碍。没有这一点，光靠三位校长和睦相处，是远远不够的。

此外，学生也很重要。冯友兰曾形容：抗战中"教授学生，真是打成一片"。九年联大，最让后来者怀想不已的，正是此逆境中师生的"打成一片"，一起经历苦难，一起探索学问，因而，"又严肃，又快活"。这一工作状态，在我看来，既学术，也精神，乃大学之为大学的理想境界。

答听众问

听众甲：今天的北京大学到底是西南联大的继承者，还是苏联的大学模式的翻版？

陈平原：西南联大不完全是北大，不能说今天的北大继承了西南联大的"衣钵"。西南联大从老北大继承了一些东西，但又不完全是老北大的翻版。它是三校的联合，其中有些东西更接近于清华大学，比如说教授治校。有些则是继承南开大学的，比如实干、苦干。这在今天的北京大学是没有的。你去看，北京大学的学生绝对不是以"苦干实干"著称的。所以说，你希望北京大学把西南联大的优点全都继承下来，这是做不到的。

至于是否受到苏联的影响，我这么回答：一百年来的中国大学，大体上分成这么几个阶段：晚清的时候，中国教育主要受日本以及德国的影响；上个世纪 20 年代后大批留美学生归来，在教育界大显身手，加上政府亲美，所以，20 年代到 40 年代的中国大学，主要受美国的影响；50 年代到 70 年代受苏联的影响；80 年代到今天，中国所有大学都受美国大学的影响。

听众乙：您怎样看待世界大学排名的现象？北大、清华的排名是否渐趋靠后？

陈平原：我向来对大学排名没有好感。我在很多文章里谈到，目前社会上流行的各种排名，对于大学的发展思路造成挤压，这很不好。2004 年，《泰晤士高等教育专刊》发布世界大学排名，北大居然排到了第 17 位！校方当然很高兴，在网上发布了消息。我马上写文章批评，我认为，这一排名关注的是崛起的中国在世界格局中的重要性，而不是北京大学实际的学术水平。同时，北京大学也应该有这样的自信，学校办得好不好，不是以"排名"来评价的。我的文章发出来以后，并没有引起大家的重视。第二年，北京大学排到第 15 位，超过了东京大学，大家感到很惊讶。第三次，北大排到第 14 位，记得那天晚上，我在哈佛，刚好跟朋友吃饭，一个来自东京大学，两个来自台湾大学，他们对我进行"集体批判"：凭什么北大排名这么靠前？到今年，北京大学突然下滑到了第 36 名，这次北大不说话了。

其实，当年排得那么靠前，不值得高兴；今天迅速下滑，也没必要灰心。我在北大百年校庆时说过一句话："论学术水平，北京大学现在不是世界一流大学，短期内也不可能成为世界一流大学，但是北京大学在人类文明史上的贡献超过很多世界一流大学。"原因是，在一个古老民族转型、崛起的过程中，一所大学能发挥这么大的作用，那是千载难逢的机遇。北京大学跟国家的命运息息相关，这才是最重要的，不要太在乎排名。

听众丙：大学要求老师、学生多发论文，您如何看待这一现象？北大改革教师职称评定，您怎么看？

陈平原：北大评职称，也重论文，但和一般大学的做法有点不一样。比如，我们会提出，要看你的"代表作"，但没有量的方面的要求。而且，也不介意你的论文发在什么级别的刊物上，我们会请专家来评你提供的代表作。一个学者，拿出自己最得意的三篇论文、两本著作，足够说明问题了。现在很多大学都强调什么核心刊物，还有重中之重的刊物，规定教授的文章发表在哪个刊物上才能算数，才能得几分，等等，在我看来，这是荒谬的。以刊物的级别来作为评定论文的标准，是不是认定杂志编辑的水平在专家委员会之上？大学就这么没自信？好在北大到现在都没有这样的规定。我们相信，评审专家的眼光及学术能力，应该超过杂志的编辑。这是北大的自信。我觉得，所有中国大学都应该这么做，不应该把自己学术委员会的权力及权威，交给杂志编辑部来决定，尤其是目前中国的学术刊物大都没有真正落实专家匿名评审制度。

听众丁：教授治校在今天看来能实行吗？

陈平原：现在实行不了。目前中国大学实行的是"党委领导下的校长负责制"，这个制度决定了大学不是以学术委员会或者教授委员会作为最终的决策机构。也许，最近几年北大以及其他大学的改革，会慢慢重视教授们的作用。但是，这个路有多长、什么时候能找到最佳的突破口、如何实现制度创新，我说不清楚。

我们知道，现在中国大学有很多问题。中国的大学教授，包括大学校长和主政者，都明白中国大学有问题。中国大学在转型，转成什么样子？不知道。我曾经写文章说过，这是人类历史上最大的"教育实验场"，2500万人同时在大学读书，这等于欧洲一个中等国家的总人口。大学该怎么办？教育体制、组织结构、教学方法等，都在探索中，希望能找出一条比较理想的路。正因为如此，今天，像我这样不太安分的教授们，才会走出自己的专业来讨论大学问题。

听众戊：请问您对中国人民大学余虹教授的死、对高校教师的生存环境有什么看法？

陈平原：余教授去世我很悲伤。一个人的自杀，有各种各样的原因，外人有时候很难理解。做出这一选择，很多时候，是跟个人的心境有直接关系，有些是外在压力，有些是心理疾病。

前段时间，我在广州大学做讲座，有学生提出这个问题，问我对现在高校的学生、老师自杀怎么看？在场的一位大学校长说，希望学生们对自己负责，对国家负责，对人民负责。我觉得，光说大道理还不够。首先是，加强心理咨询和治疗。所有的大学，都应该设立心理咨询室，允许学生们免费进行咨询和治疗。并且，要在学校里营造一种风气，看心理医生是很正常的，不用大惊小怪。心理上有疾病，就应该看医生，应该吃药，光靠思想工作来解决心理疾病，很多时候是行不通的。

至于余虹教授，我到目前为止，并不知道他为什么自杀。网上公布的资料，也没能说明他为什么自杀。这个事情，我不希望媒体炒作，否则，有点对死者不太恭敬。

听众己：兴趣广泛是好事吗？什么时候才是收割的季节？有年龄可以参考吗？

陈平原：比起欧美的大学来，中国的高中生、大学生专业训练太早，知识面太窄，这是一个大问题。过早的专业化，是制约中国年轻一代成长的关口。我们国家的学生，从高中就开始分文科理科，摆出一副"专业化"的架势。而美国学生，照我的观察，其真正进入专业状态，是在研究生以后。

大学阶段，完成基本知识的传授与接纳，养成读书的习惯和能力，这就可以了。把专业化的目标，留在研究生阶段来完成。因为，不可能在本科阶段做到所学又广又深。曾有大学征求我意见，看能否把历史、哲学、中文、外文的专业课程全都合在一起，以便培养出大师级人才。我说，大师不是这么培养的。大师在念中学、大学阶段，也基本上是打基础，拥有比较广泛的知识。一个人真正成为学术大师，在专业领域取得很好的成绩，那是在念硕士、博士，以及走向社会以后很长一个阶段的事。把"成才"的要求提得太前，悬的过高，对学生不利。只有很好地积蓄，才能有真正的爆发力。举个例子，筑坝拦水，能够让一条小溪日渐成为江河；如果从一开始就放任自流，一点一点流掉，那永远是小溪。教育的任务，就是在某一个阶段控制这条小溪，让它积蓄水量，到了适当时候再开闸，那样才可能一泻千里。

听众庚：能否谈一下在中国台湾地区、香港地区、中国内地以及新加坡这四个地方，在中文领域学术研究方面的现状？

陈平原：我们就说中文系吧。举个例子，我曾在台湾大学教过一个学期的书，台大跟北大有很深的渊源，抗战胜利以后，帮助创建台大中文系的，好些是以前北大的教授或学生，所以，我在那儿教书很亲切。当我即将离开时，有媒体来采访，记者说，请你比较北京大学和台湾大学的学生。我当时灵机一动，说北京大学的学生意气风发、气势如虹；台湾大学的学生很诚恳，讲礼貌，读书认真。我相信，人与人之间在智商上的差距不是特别大，台大和北大都是挑最好的学生，但2000万中挑出来最好的学生，和13亿里挑出来最好的学生，是不太一样的。所以，北大学生应该有这个自信。

有些考上北大中文系的学生，也许更愿意上经济学院或者光华管理学院等，但是台湾大学的中文系，就招生而言，不仅不如法律系和经济系，也不如外文系、历史系。而我们这里，中文系的招生排名，在人文学科里是最前面的。再说，近10年台湾政治的急剧变化，对他们的人文学科，尤其是中文系，冲击实在太大了。至于香港，他们的中文环境不如我们，学术传统也不如我们；新加坡更是如此。记得我刚上博士生的时候，中文系一位语言学教授在开学典礼上说，请问各位，在全世界研究汉语，最好的地方是哪儿？回答：当然是北大了！北大有一种当仁不让的气概，有时候甚至让人觉得不舒服，有点自大，有点自恋。但另一方面，你会为他们的情怀所感动。我在中山大学读书时，老师常提醒我，不要骄傲。在北大，没有人这么告诫你。我们不会批评学生，你为什么口气那么大，我们只希望你的口气跟你的实际水平能够吻合。这是北大跟其他大学不一样的地方。

听众辛：您如何看待大学城的利弊？

陈平原：大学城是大学扩招的产物。即使造得比较好的大学城，目前也碰到很多困难。关键问题是，大学城往往远离市区，而大学城里又没建教师宿舍，老师们或者没有房子，或者不愿意到大学城里面去住。这个状态，非常不利于学生精神上的成长。1994 年，北京大学曾经在昌平那里建了一个园区，几年以后就撤回来了。我去那里上过课，学生课后要请教问题，最多不能超过 10 分钟，因为，班车在那儿等。这样一来，教师和学生之间，对话的机会太少了。

大学城得努力改变这样的状况，我曾提建议：第一，大学城里面的大学，必须学分通修。这么多大学合在一起，如果各自为政，资源就浪费了。要允许所有大学的学生都可以到别的大学里上课。第二，更多地邀请外面的教授到大学城里做共同的讲座。第三，学校要想办法让老师多与学生接触。老师不跟学生接触，讲完课就走，不是好老师；学生不请教老师，只靠听课，不是好学生。学生和老师的关系，用梅贻琦校长的话说，就是大鱼跟小鱼的关系：大鱼在前面游，小鱼在后面跟，跟着跟着，小鱼就变成大鱼了。我相信，100 年后，建大学城的功劳，会体现出来的；至于今天生活在大学城的学生，确实有点苦，所以，希望大家能多关心这个问题。

听众壬：美国金融界的传奇人物格林斯潘拿到了经济学博士、文学博士，他的求学道路对学生有什么启发？

陈平原：你当然可以学格林斯潘，不过，今天对于每一个个体来说，是越来越难了。因为，修习不同专业，必须是他真的是对这些专业有兴趣，才会这么做。我欣赏这样的学生。但现在学校的规定越来越僵硬，这样优异的学生也越来越少，说不定以后不可能存在。诸位可能不知道，现在一些用人单位，主要是大学，不仅挑博士，还要挑名牌大学的博士；挑博士还要看"三代"，你是北大博士没用，硕士在哪读的？本科呢？如果三个学位中有一个学位不是重点大学的，他们就不要！这导致一个后果，学生们很少敢跳出自己的专业，凭兴趣读书。为了保险，我只好老老实实待在某一专业里面，按照规定的程序念书。

表面上，现在很多学校允许大学生转专业，可随着体制的力量越来越强大，规则越来越严密，管理越来越严格，学生凭自己兴趣念书、选专业的可能性将越来越小。这让我感到有点悲哀。我希望在座的朋友们，在力所能及的范围内，多做一点尝试，那样的人生，一定会更加精彩。

附记：此文乃据《钱江晚报》记者俞熙娜录音整理稿修订，初刊《钱江晚报》2007 年 12 月 18 日第 14、15 版，题为《寻找 21 世纪中国的"大学之道"》；此次收录，改回原题《教育史上的奇迹——西南联大的意义》，且删去许多"画龙点睛"的小标题。关于西南联大，笔者本有更为专业的论述，为了保存此演讲的"答问"，只好放弃。

第三辑

大学叙事

文学史视野中的"大学叙事"

　　文学生产与教育制度，二者的关系极为密切，这一点，谁也不会否认。相对于"科举与唐代文学"或"书院与宋明理学"来，现代大学与 20 世纪中国文学之间，更是有着千丝万缕的联系。谈论"大学"与"文学"之间良好的互动，一般关注的是大学教育对于文学生产、风格流变、潮流兴替的影响（比如文学史课程如何建立批评标准、美育何以成为可能、文学社团之于校园文化、"学生腔"与"新思潮"的关系，诗歌、散文、小说、戏剧等不同文类的升降起伏等）^[1]，本文则转而探讨作为文学想象的"大学校园生活"，如何投射着一个时代的思想变迁，滋润着当代大学生的校园生活，甚至制约着大学未来的发展方向。

本文主要以钱锺书刻画"三闾大学"的《围城》，以及鹿桥描写西南联大的《未央歌》为例，讨论抗战中不同类型的大学想象。以杨沫《青春之歌》中的"余永泽"在二十世纪五六十年代文化语境中如何大受贬抑，而作为原型的张中行八、九十年代出版追忆老北大的"负暄三话"，又如何获得巨大成功，讨论意识形态的转移以及大学形象的改变。至于以北大百年校庆为契机，出现了大批"老大学的故事"，这里所体现的"大学想象"，不仅仅是怀旧，更是自我反省，指向大学历史以及大学精神的重新建构。

大学历史与大学叙事

作为知识生产、人才培育、思想交流的重要园地，学

---

[1]　参见高恒文：《京派文人：学院派的风采》，上海教育出版社，2000 年；黄延复：《二30 年代清华校园文化》，桂林：广西师范大学出版社，2000 年；姚丹：《西南联大历史情境中的文学活动》，桂林：广西师范大学出版社，2000 年；张洁宇：《荒原上的丁香：20 世纪30 年代北平"前线诗人"诗歌研究》，北京：中国人民大学出版社，2003 年。

校本该成为文学家瞩目的中心。可实际上，古往今来，成功的"学堂（大学）叙事"，不仅数量不多，而且很难进入文学史视野。传统中国戏曲小说中，饱受颠簸之苦的读书人，最终不是高中状元，就是进士及第，此乃主人公命运转折的关键，也是推动情节发展的重要动力。至于此前的"十年寒窗"，则往往只在表现穷困的生活境遇上用力。或许是鲁迅的影响太大了，一说传统教育，很多人马上联想到的，是"三味书屋"里的摇头晃脑。可实际上，两千年间，不说大儒讲学，即便塾师启蒙，也都异彩纷呈的。很难想象，单靠迂腐的陈最良们（汤显祖《牡丹亭》），能支撑起传统中国的"师道尊严"。

关于私塾、书院以及科考，今人所有的，大都是负面的记忆，比如春香闹学（《牡丹亭》），宝玉背书（《红楼梦》），马二先生操选政（《儒林外史》）等。好不容易有了祝英台女扮男装入学读书的优美故事，可无论是最初的民间传说，还是日后改编成戏曲、电影，都把着重点放在"十八相送"或"化蝶"上。换句话说，即便谈及学堂，也都不把"学业"放在眼里。要不"功名"，要不"爱情"，正所谓"功夫在诗外"也。这就难怪，日后史家之描述千年书院，可供引述的，只有坚硬的学规、章程及若干"书院记"，而无鲜活的文学想象。

谈及"以诗证史",历来颇多争议。可随着"叙事史学"（narrative history）的重新崛起，对史料的选择，以及对修辞功能的理解，都发生了很大变化[1]。所谓"历史"与"文学"，并非过去想象的那样泾渭分明。撰写古代中国教育史，若有绚丽多姿的书院生活场面可供调遣，枯燥的历史叙述自然顿时生色。可惜的是，传统文学中的"学堂叙事"，没有给史家留下多少用武之地。晚清以降，随着现代大学制度的建立，"文学"成为一门值得专门经营的学问[2]，"吟诗"不再仅仅局限于涵养性情[3]；再加上学生集体住宿，校园成为一个独特的文化空间，"大学文化"于是变得丰富多彩。一方面是大学教育调动了各种文学想象，直接促成了新文学的繁荣，另一方面则是，校园生活逐渐成为小说家的描写对象。如此一来，构建现代中国的"大学史"，引入五彩缤纷的"大学叙事"，不只可能，而且必须。

---

[1] 参见黄进兴：《叙事式历史哲学的兴起》，《自由主义与人文传统——林毓生先生七秩寿庆论文集》459—491 页，台北：允晨文化有限公司，2005 年。

[2] 参见拙文《新教育与新文学》第一节，《中国大学十讲》103—112 页，上海：复旦大学出版社，2002 年。

[3] 朱熹在《白鹿洞书院揭示》的跋语中称："某窃观古昔圣贤所以教人为学之意，莫非使之讲明义理以修其身，然后推以及人；非徒欲其务记览，为词章，以钓声名，取利禄而已也。"书院师生当然也吟诗作赋，但那是陶养性情，而非术业专攻。

借校庆纪念活动，讲述大学历史，描述校园生活，既展示自家风貌，也吸引社会目光。最早且最能体现这一良苦用心的，当属《国立北京大学廿周年纪念册》（1917）。日后，此举为各大学所普遍采纳。不见得都像北大那样，从1930年代起便设立编纂校史的专门机构，但大学校长们普遍关心"大学史"的撰写，因其中蕴含着的价值尺度，不仅指向"过去"，更指向"未来"。

与校方组织的"校史编纂"不同，文学家的"大学叙事"，带有更多个人色彩，尽可上天入地，纵横捭阖。可惜的是，很长时间里，作家们并没把"大学"放在眼里——以及笔下。五四新文化运动中，涌现出许多热爱新文学的大学生，若冰心、庐隐、王统照、许地山等，其撰写的短篇小说，即便涉及大学校园，也只是十分模糊的背景，完全可以忽略不计。让作家们辗转反侧的，是爱恨、情仇、生死、美丑、宇宙、人生等哲学命题，再不就是青春的骚动、怀乡的忧郁，以及济世的热情。对于志向远大、以天下为己任的大学生们来说，区区校园风景，根本不入高人法眼。满天繁星般的校园文学（报刊以及作品），大都只是上阵前的练笔；一旦正式登上文坛，很少再回过头来仔细检点、品味那曾经沉湎的校园生活。

二三十年代的中国小说，涉及大学生活的，数量很少，且艺术水平不高。老舍的《赵子曰》(1927)以及沈从文的《八骏图》(1935)，总算正面描写大学生以及大学教授的日常生活，可惜都是漫画化的。北京钟鼓楼后头天台公寓的大学生，莫名其妙地闹起了学潮，将校长捆起来殴打，如此"革命"，实在不敢恭维。八位到青岛讲学的大学教授，住在海边的小洋楼里，人人都"有病"，就连自命清高，可以给另外七位当心理医生的达士先生，最后也跟着"发疯"了。老舍和沈从文，都是大小说家，之所以写不好大学生活[1]，不是技巧，而是心态。老舍日后忏悔，说自己写《赵子曰》时，已远离学生生活，因而不能理解新一代年青人的追求，只是隔岸观火，热讽冷嘲[2]。其实，还有一个问题，这两位著名小说家，都是自学成才，然后

---

[1] 相对于同时期描写小学教师的《倪焕之》(叶圣陶)和《二月》(柔石)来，老舍、沈从文的这两部作品都不算成功。

[2] 老舍《我怎样写〈赵子曰〉》："'五四'把我与'学生'隔开。我看见了五四运动，而没在这个运动里面，我已作了事。是的，我差不多老没和教育事业断缘，可是到底对于这个大运动是个旁观者。看戏的无论如何也不能完全明白演戏的，所以《赵子曰》之所以为《赵子曰》，一半是因为我立意要幽默，一半是因为我是个看戏的。我在'招待学员'的公寓里住过，我也极同情于学生们的热烈与活动，可是我不能完全把自己当做个学生，于是我在解放与自由的声浪中，在严重而混乱的场面中，找到了笑料，看出了缝子。在今天想起来，我之立在五四运动外面使我的思想吃了极大的亏，《赵子曰》便是个明证，它不鼓舞，而在轻搔新人物的痒痒肉！"

走上大学讲台的，对于大学的校园文化，以及大学师生的心理及趣味，把握不太准确，笔下自然缺乏神采。

虽有五四新文化运动的辉煌，1920—1930 年代的中国，大学生作为一个群体，仍然十分弱小；大学校园里的日常生活，更非公众流连忘返的"风景"。整理一下相关数据，很容易理解，当初的大学生，是如何的"曲高和寡"。1917 年，全国共有大学生（含师范、农业、工业、商业、医学、法政等专门学校学生，下同）19017 人；1923 年，增加到 34880 人；抗战前夕的 1936 年，是 41922 人；抗战胜利后的 1946 年，终于突破十万大关，达到了 129326 人[1]。一个几亿人口的大国，竟然只有区区数万大学生！这你就明白，为何标榜"平民文学"的新文学家，不太愿意将笔触对准优雅的大学校园。

可大学生活毕竟是重要的人生经验，并非只是读书考试拿文凭，更是一种成长的记忆以及精神的历练。校园里的同学情谊、爱情纠葛、政治风波、经济窘迫等，同样凸显了人性的优点与弱点。再往远处看，日渐增加的大学生，

---

[1] 参见陈翊林《最近三十年中国教育史》（270—272 页，上海：太平洋书店 1931 年再版），周予同《中国现代教育史》（225 页，上海：良友图书公司，1934 年），教育部编《第一次中国教育年鉴》（上海：开明书局，1934 年）和《第二次中国教育年鉴》（上海：商务印书馆，1948 年）。

人数虽少，能量却很大，终将影响中国的现代化进程以及百姓的日常生活。关键是找到恰当的视角以及表现方式，"大学叙事"——而不是"青春想象"——方才有可能进入文学史视野。

三闾大学与西南联大

现代中国大学的日渐成熟，使得校园成为重要的生活场景；而战争中的流转迁徙，更是加深人们对于大学的记忆。于是，两部现代史上影响深远的描写大学生活的长篇小说，得以在抗战的烽火中酝酿成型。一是充满讥讽智慧的《围城》，一是洋溢着青春激情的《未央歌》，二者分别代表"大学叙事"的两个侧面——现实的以及批判的，理想的以及诗意的。钱锺书（1910—1998）笔下的三闾大学，固然是虚构；鹿桥描述的西南联大，又何尝真的是写实？无论是虚中有实，还是实中有虚，小说家所描述的三闾大学和西南联大，已经成为我们关于现代中国大学的最为鲜活的记忆。

钱锺书撰写的长篇小说《围城》，1946 年 2 月至 1947 年 1 月连载于上海的《文艺复兴》，1947 年 5 月由上海晨光出版公司刊行单行本。此书刚问世时，并不怎么被看好，一直到 1980 年代，随着学界对于"现代文学"的重新认识，以及各种外文译本的出版，方才引起世人的高度重视。此前，只有美国学者夏志清（C. T. Hsia）在《中国现代小说史》（*A History of Modern Chinese Fiction*，Yale University Press，1961）、耿德华（Edward Gunn）在《不受欢迎的缪斯》（*Unwelcome Muse*，Columbia University Press，1980）中，曾给此书以很高评价。而 1990 年，电视连续剧《围城》开播，更是使得钱锺书的大名走出学院，变得家喻户晓。

美国学者胡志德（Theodore Huters）曾依据罗兰·巴塞斯的《叙事结构分析导论》，将《围城》分为五个功能序列，即讲述方鸿渐回国并定居上海（前三章半）、旅行的准备及展开（4—5 章）、三闾大学一年（6—7 章）、经香港回上海（8 章）、困守上海及婚姻破裂（9 章）。胡由此推论：《围城》结构上具有对称美，第三个功能序列是过渡，一、二和四、五互相呼应，形成鲜明的对照[1]。假如欣赏方鸿渐与苏文纨、唐晓芙、孙柔嘉等女性的感情纠

---

[1] 参见胡志德著、张晨等译《钱锺书传》第六章，北京：中国广播电视出版社，1990 年。

葛，将此书作为"结婚狂想曲"阅读[1]，这种叙事分析是有道理的。但如果换一个角度，将《围城》作为一种"大学叙事"，则四至八章都是方鸿渐眼中的"三闾大学教授生活素描"——包括"在路上"，也包括"校园中"。至于一头一尾的上海婚姻故事，固然也十分吸引人，但并非钱锺书的"独得之秘"。相对于反浪漫的爱情传奇，学者型的讽刺小说，或许更是此书的魅力所在。

以男女恋爱为主线，将"围城"作为人生困境的象征，加上诸多妙喻让人拍案叫绝[2]，研究者于是纷纷探寻《围城》与英法现代小说的联系。其实，学富五车的小说家，平日里读书驳杂，不管小说、散文还是学术著作，都是旁征博引，左右逢源，一定要坐实哪些作品影响了《围城》的写作，其实很难。还是杨绛聪明，借讲述钱锺书如何抛

[1] 《围城》的日译本（荒井健、中岛长文、中岛碧合译）改名为《结婚狂想曲》，据说钱锺书"表示对书名的改译毫不在意"。参见荒井健《机智幽默，绰乎有余——〈围城〉译后记》，《钱锺书杨绛研究资料集》287—289 页，武汉：华中师范大学出版社，1997 年。

[2] 《围城》第六章是这样开篇的："三闾大学校长高松年是位老科学家。这'老'字的位置非常为难，可以形容科学，也可以形容科学家。不幸的是，科学家跟科学大不相同；科学家像酒，愈老愈可贵，而科学像女人，老了便不值钱。"

弃西南联大的教职，跑到湘西的国立师范学院教书[1]，提醒我们注意，《围城》的写作另有渊源。

在《围城》初版自序中，作者的表述，近乎此地无银三百两："人物当然是虚构的，有历史癖的人不用费心考订。"现在好了，最权威的读者——夫人杨绛[2]，出面来为《围城》做注释。杨书出版时，钱先生仍健在，未见其对如此"索隐"表示过任何异议。可见，《围城》得以成书，确实与作者从西南联大教授转任湖南蓝田的国立师范学院英文系主任这一个人经历密切相关。

当然，杨先生的"索隐"很有分寸，只承认："锺书从他熟悉的时代、熟悉的地方、熟悉的社会阶层取材。但组成故事的人物和情节全属虚构。尽管某几个角色稍有真人的影子，事情都子虚乌有；某些情节略具真实，人物却全是捏造的。"[3] 杨先生并没指明谁是那满口仁义道德、满

---

[1] 杨绛《记钱锺书与〈围城〉》（长沙：湖南人民出版社，1986）："一九三九年秋，锺书自昆明回上海探亲后，他父亲来信来电，说自己老病，要锺书也去湖南照料。师范学院院长廖先生来上海，反复劝说他去当英文系主任，以便伺候父亲，公私兼顾。这样，他就未回昆明而到湖南去了。"（4 页）

[2] 杨绛《记钱锺书与〈围城〉》："好比学士通人熟悉古诗文里词句的来历，我熟悉故事里人物和情节的来历。除了作者本人，最有资格为《围城》做注释的，该是我了。"（2 页）

[3] 杨绛：《记钱锺书与〈围城〉》6—7 页。

腹男盗女娼的李梅亭，谁又是那外形木讷、内心龌龊的假洋博士韩学愈；也没说那口称维护教育尊严、实则酒色之徒的伪君子高松年，或者那专事吹拍、浅薄猥琐的势利小人顾尔谦，到底影射的是什么人。小说酝酿于湘西，写作于上海，据说是受妻子杨绛编写话剧大获成功的刺激。不同于清末民初的谴责小说或黑幕小说，《围城》里的三闾大学，并不直接指向湖南蓝田的国立师范学院，我们不能因钱锺书的父亲、国文系主任钱基博撰有《韩愈志》，就将其与三闾大学历史系主任，那伪造学历、招摇撞骗的韩学愈挂上钩。曾有西南联大的老学生暗自庆幸，在《围城》中找不到联大人物的影子；但也有学者反驳，钱锺书任教联大时很不愉快，焉知其不将联大的一些人和事化入关于"国师"的描述 [1] ？

其实，不只国立师院、西南联大，早年就读清华大学、任教光华大学，以及留学牛津大学和巴黎大学研究院的经历，这些"第一手经验"，都对其塑造"三闾大学"形象大有帮助。1933 年钱锺书大学毕业，在《国立清华大学年刊》的《后记》中，写下这么一句话："真正

---

[1]　参见许渊冲：《钱锺书及译诗》，《钱锺书研究》第二辑，北京：文化艺术出版社，1990 年；张文江：《营造巴比塔的智者：钱锺书传》56 页，上海文艺出版社，1993 年。

描写中国大学生活的小说至今还没有出现"（A novel of Chinese college life at first-hand knowledge still remain to be written）[1]。或许，从那个时候起，凭借第一手知识与趣味，撰写一部"真正描写中国大学生活"的长篇小说，就已经埋下了种子。

《围城》不是自传，连自传体小说都称不上；过分认真地"索隐"，容易误入歧途。我想强调的是，三间大学里集合着政治、人事、职业、情场等诸多矛盾的明争暗斗，以及令人头晕目眩的各种谣诼诽谤，只是作家对于大学生态的一种理解与表述。愤激之情有之，影射则未必——不管是国立师院，还是西南联大。

有个纠缠多年的公案，很能说明钱锺书的个性与趣味。传说钱离开西南联大时，曾公开称："西南联大的外文系根本不行；叶公超太懒，吴宓太笨，陈福田太俗。"叶、吴、陈三位，都是当年清华或西南联大外文系的顶梁柱，也是钱的"恩师"。这则逸事很伤人，但口气很像，故广为传诵，以致杨绛必须在钱先生临终前专门写文章辟谣[2]。才高八斗的钱锺书，目空一切，喜欢随意臧否人物，大笔一挥，

[1] 钱锺书：Epilogue，《国立清华大学年刊》，1933 年；转引自张文江《营造巴比塔的智者：钱锺书传》55—56 页。

[2] 参见杨绛《吴宓先生与钱锺书》，《文汇报》1998 年 5 月 14 日。

横扫身边诸多"真学究"与"假名士",虽然口气刻薄了点,但"大学"不太光彩的另一面,却因此而得以"永垂青史"。

1938—1939 学年,钱锺书在西南联大外国语言文学系开设的课程,除全校性的"大一英文"和"大二英文",还有英文系的选修课"文艺复兴时代文学"和"现代小说"[1]。而当年听钱先生讲王尔德的外文系学生吴讷孙(1919—2002)[2],日后以"鹿桥"为笔名,撰写了长篇小说《未央歌》,则与师长的大作遥相呼应。

《未央歌》初稿完成于 1945 年初夏,作者时年二十六岁,大学毕业不到两年,仍沉醉在充满诗情画意的校园生活中:"我一心恋爱我们学校的情意无法排解,我便把故事建在那里。我要在这里诚敬地向我们的师长,同学,及那边一切的人致意。"(《谢辞》)这种写作姿态,注定了其笔下的西南联大,与三间大学有天壤之别。

高唱着"多难殷忧新国运,动心忍性希前哲"的校歌,走过八年抗战的西南联大师生,对那段历史普遍有着刻骨

---

[1] 参见西南联合大学北京校友会编:《国立西南联合大学校史》129—135 页,北京大学出版社,1996 年。

[2] 鹿桥在《唯美主义与美育》一文中称:"钱锺书先生教我们大学一年级英文,就选了王尔德的《夜莺与玫瑰》。"参见鹿桥:《市廛居》37 页,台北:时报文化出版社,1998 年。

铭心的记忆。但落笔为文，难得有像《未央歌》那样充满激情与想象力的。以抗战中僻居昆明的联大师生的日常生活为描写对象，借助四个"我"的成长历程[1]，表现战争环境下仍然——或者说更加——多姿多彩的大学校园生活，对于作家鹿桥来说，目的是酝酿一种"氛围"，呈现一种"情调"。作者再三强调，《未央歌》不是爱情传奇，着力渲染的是同学间"友情之可爱"[2]；不以情节取胜，而是一部以情调风格来谈人生理想的书。就像小说第八章所说的那样："学生们有意无意地在课室里，在游戏里，在团体生活里，在独自深思里慢慢长大。慢慢被造就起来。一棵小树苗总要在苗圃里先养一个时期的。树苗们要经过风霜。这风霜正如雨雪一样重要。他们终久成为可以令人歇荫、令人放心的大木。"

《未央歌》里，除童孝贤、余孟勤、伍宝笙、蔺燕梅这四大"主角"，还写了一群大学生和他们的老师；这些人，或许有这样那样的小毛病，但全都是心地善良的"好人"[3]。

---

[1] 《再版致〈未央歌〉读者》："书中这个'我'，小的时候就是'小童'，长大了就是'大余'。伍宝笙是'吾'，蔺燕梅是'另外'一个我。"

[2] 作者在《谢辞》中称："因为我在这本书中处处找机会描写友情之可爱，而现在我得以沉醉于友爱之中。"

[3] 作者在《六版再致〈未央歌〉读者》中说，这部小说"是只有爱没有恨，只有美没有丑的"，大致近似。

这与《围城》作者之"横扫千军如卷席",恰成鲜明的比照。最让漫步大学校园的读者倾心不已的,除了童孝贤、伍宝笙等人的命运,还有洋溢在书中的那种乐观向上、充满爱心与幻想的"少年情怀"。后者,无疑是大学生活中最让人留恋的。在这个意义上,作者以生花妙笔,刻意营造一种远离现实的、理想化了的、带有牧歌情调的校园生活,以供后人驰骋想象,不无好处。

跟《围城》的随写随刊不同,《未央歌》完成十几年后,才分别于 1959 年和 1967 年在香港、台北两地刊行[1]。对于 1960—1980 年代生活在台湾的大学生来说,此书深刻影响他们对于大学生活的体验与想象。以下这段描述,虽出自作者本人之口,却得到很多过来人的证实:"多少年来,台湾的同学爱用书中的人名给同学起外号。女生被推为伍宝笙的认为是无上光荣,并要从此更加努力,以副众望。男生被称为小童,立刻一方面得了同学爱护,一方面也被人好意地逗趣,说他不洗脸,穿破鞋,经常不穿袜子,种种无伤大雅的事。"[2] 不仅仅是人物命运,更令人牵挂的,

---

[1] 《未央歌》的香港版 1959 年由人生出版社推出,台湾版 1967 年由商务印书馆刊行。台湾版获得巨大成功,至今已印行了 50 万册。

[2] 鹿桥:《忆〈未央歌〉里的大宴:少年李达海》,《市廛居》275 页,台北:时报文化出版,1998 年。

是西南联大的自由学风。对于日后无数在繁重的课业中痛苦挣扎的大学生来说，早已消逝在历史深处的西南联大校园，无疑是"神仙境界"。

很可惜，《未央歌》至今未在大陆印行（据说是因为作者拒绝发行简体字本）。这样一来，大陆读者对于西南联大校园生活的想象，主要得通过另外两个联大学生的著作来实现。中文系学生汪曾祺（1920—1997）的《泡茶馆》《跑警报》《沈从文先生在西南联大》《西南联大中文系》等散文[1]，以及联大附中学生冯宗璞（1928—）的长篇小说《南渡记》《东藏记》，都是在追忆、凭吊那座充满神奇色彩的"大学"。无论是作家还是读者，大概都会认同宗璞的这段话："西南联大师生们于逆境中弦歌不辍，父兄辈坚韧不拔的以国家民族为己任的精神给我印象很深。"[2]

任何时代任何国家，有俗不可耐的大学教授，也有天真无邪的大学生；作为作家，你可以嬉笑怒骂皆成文章，也可以浪漫情怀诗意人生。各有各的真实性，也各有各的读者群。谈论小说笔法，到底是喜欢鹿桥营造的充满诗意的西南联大，还是钱锺书笔下藏污纳垢的三闾大学，当视

---

[1] 汪曾祺早年小说《老鲁》（1945）和《落魄》（1946），有关于西南联大学生生活的描写，但主要是观察世相，而不是描摹校园。

[2] 宗璞：《自传》，《红豆》，福州：海峡文艺出版社，1993年。

个人阅历、心境及趣味而定。至于"大学想象",则"理想型"与"漫画型",各有其存在价值。

两个北大的纠葛

现代中国历史上,最具神奇色彩的大学,莫过于新文化运动时期的老北大,以及抗日战争中的西南联大。不仅仅"传道授业解惑",大学校园里,同样涌动着文化的激流以及政治的旋涡。信奉"铁肩担道义,妙手著文章"的北大师生,曾在现代中国的政治史、文化史、学术史上,发挥过巨大作用。基于这一特殊身份,关于北大的想象与叙述,便不可避免地随着意识形态的变化而起伏。其中最具象征意味的,当属"余永泽"的沉浮。

作家杨沫(1914—1995)撰写的长篇小说《青春之歌》,1958年初版,一年半时间就售出130万册,同时被搬上了银幕,成为"建国十周年"的"献礼片"之一。1960年,日译本出版,五年中印行20万部。据史家称,此书至今总共发行了500万册,且有15种外文译本[1]。如此"红色

---

[1] 参见洪子诚:《中国当代文学史》118页,北京大学出版社,1999年;张炯编著:《新中国文学》上册177页,福州:海峡文艺出版社,1999年。

畅销书"，当初问世时 [1]，也曾遭到极左人士的非难，幸亏有老一辈文学批评家的保驾护航 [2]，方才得以在激烈的争辩中过关。争论的焦点是，小资产阶级知识分子"林道静的道路"是否可取，为什么不用更多笔墨来描写那些英勇牺牲的共产党员。受《文艺报》《中国青年》《人民日报》《中国青年报》等讨论文章的刺激，作家匆忙修改，尽量拔高林的阶级觉悟，"力图使入党后的林道静更成熟些，更坚强些，更有作为些" [3]。于是，主人公林道静从早年的热爱文学，与北大学生谈恋爱，一转而为职业革命者，秘密潜入北大校园，发动大规模学生游行。

《青春之歌》以1931年"九·一八事变"到1935年"一二·九运动"这一特定历史时期北平学生运动为背景，描写热情天真的少女林道静，如何从追求个性解放，到成为职业革命者。在林的成长道路上，左边是卢嘉川、江华等共产党人，右边则是北大国文系高才生余永泽。当初让林道静崇拜得五体投地的"诗人加骑士"余永泽，逐渐显

---

[1] 关于此书充满戏剧性的出版经过，请参阅钱振文《"难产"的〈青春之歌〉》（《南方文坛》2005 年 5 期）。

[2] 何其芳《〈青春之歌〉不可否定》（《中国青年》1959 年 5 期）中称："粗粗一看，好像它的题材是写青年知识分子的生活"，事实上，"里面最能吸引广大读者的是那些关于当时的革命斗争的描写"。

[3] 杨沫：《〈青春之歌〉再版后记》，北京：作家出版社，1960 年。

露其追随胡适，热衷于"故纸堆"，求名逐利的"庸俗相"。于是，林与之决裂。作家杨沫天分不高，才华有限[1]，对余永泽的描写失之简单化，但林、余二人的感情纠葛，仍然是全书最吸引人的地方。

有趣的是，当年饱受指责的"余永泽"，其原型三十年后竟然"翻身得解放"，而且以"负暄三话"征服广大读者。这一戏剧性场面的形成，主要不系于个人努力，其中隐含着"政治的北大"与"学术的北大"之间的对立与逆转。

就像杨沫的儿子、作家老鬼所说的："随着《青春之歌》被改编成电影、京剧、评剧、话剧、评弹、歌剧、小人书……书中的人物也都脍炙人口，家喻户晓。张中行这个母亲的前夫，日子开始不好过，人们对他冷眼相看。认为他就是小说中的余永泽，自私、落后、庸俗的典型。无形中，他被母亲的这本书弄得灰头土脸，在单位里抬不起头。"[2] 80年代后期，已经退休的人民教育出版社老编辑张中行（1909—）（张中行逝于2006年——编注），开始凭自己的兴趣，写一些关于陈年往事的回忆文章，没想到竟一炮打

---

[1] 1980、1990年代，杨沫继续写作，完成"青春三部曲"的另外两部《芳菲之歌》和《英华之歌》，书出版后如石沉大海，毫无影响。

[2] 老鬼：《母亲杨沫》117页，武汉：长江文艺出版社，2005年。

响，受到读者的热烈欢迎。史家称："张中行借古语'负暄'（一边晒太阳一边闲聊）做自己的书名，大体能概括他追求的写作风格：以'诗'与'史'的笔法，传达一种闲散而又温暖的情趣。……他的这些随笔，在一个时期声名大噪，甚至有将其比喻为'现代的《世说新语》'的。"[1]

1936 年毕业于北大国文系的张中行，曾教过中学、大学，解放后主要从事编辑工作，读书博杂，兴趣广泛，虽偶有著述，却不曾引起文坛或学界的关注。直到《负暄琐话》(1986)、《负暄续话》(1990)、《负暄三话》(1994) 的陆续问世，方才"暴得大名"。再加上《青春之歌》的"负面宣传"，反而激起读者极大的好奇心。于是，90 年代中国，张文竟一纸风行，得到很多文人学者的大力揄扬："本书文体是散文，但其体裁之深处却隐着浓郁的诗。"[2] 说张"文"而近"诗"，那是因为作者抱定主意，其追忆往事，只写好的，不写坏的，以便"创造艺术的'境'，以人力补天然"[3]。

---

[1] 洪子诚：《中国当代文学史》378—379 页，北京大学出版社，1999 年。

[2] 周汝昌：《〈负暄琐话〉骥尾篇》，《负暄琐话》，哈尔滨：黑龙江人民出版社，1986 年。

[3] "就是基于这种想法，我选了见闻中的一部分，可以算作境或近于境的，当作话题，其他大量的我认为不值一提的就略去了。"参见张中行《负暄琐话·尾声》，《负暄琐话》。

被追忆的人物本就十分精彩，加上作者笔墨大致相当，确能呈现其"诗意人生"。"负暄三话"中先后谈及的人物，有章太炎、黄晦闻、马幼渔、马一浮、邓之诚、林宰平、熊十力、马叙伦、胡适、周作人、刘半农、刘叔雅、朱自清、温源宁、杨丙辰、顾羡季、周叔迦、魏建功、废名、孙以悌、叶恭绰、张伯驹、辜鸿铭、张庆桐、梁漱溟、张东荪、叶圣陶、俞平伯、孙楷第、赵荫棠、朱光潜、宗白华、启功、季羡林、温德、马珏等。这些学人，绝大部分与老北大密切相关。再加上综述性质的《红楼点滴》一、二、三、四、五，还有《沙滩的住》《沙滩的吃》《北大图书馆》等，30年代北京大学的旧人旧事，在张中行笔下得以复活。

应该说，张中行的这些文章，颇得乃师周作人的真传。看看《知堂回想录》中关于老北大部分，不难领会其师承关系。其实，张文并不像表彰者所说的那么好，只不过作者杂学多才，饱经沧桑，回忆往事，读来倍感亲切。可惜的是，由"琐话"而"续话"而"三话"，一蟹不如一蟹，当初的凝练简洁不见了，其饾饤浅薄日益碍眼。离开了"老北大"这一"风水宝地"，张中行文章的好处，便很难得到彰显。

张中行当然不是"余永泽"，可杨沫的讥讽也不是毫无根据。时过境迁，读张的长篇回忆录《流年碎影》（中国社会科学出版社，1997），尤其是其中涉及北大生活和婚变部分，你很容易理解症结所在。作为晚辈，老鬼的描述，虽是揣测之词，却也八九不离十："他醉心于中国古文古籍的研究，反对母亲参加过多的社会活动。他只要求母亲给他做饭，操持家务，陪他睡觉，生儿育女，老老实实过日子。""但母亲不是贤妻良母型的女性。她渴望动荡，渴望着干出一番事业，渴望改变自己的平庸命运。"[1]这与《青春之歌》对林道静、余永泽的描写，不无相通处。其实，类似的意思，杨沫本人曾借撰文纪念北大校庆九十周年，做了表述[2]。虽然张中行多次表白，不在意《青春之歌》对他造成的伤害；可在《流年碎影》中，还是做了辩解，称二人之所以分手，根本原因在于思想差异："所谓思想距离远，主要是指她走信的路，我走疑的路，道不同，就

---

[1] 老鬼：《母亲杨沫》22页，武汉：长江文艺出版社，2005年。

[2] 杨沫《梦魂牵绕忆红楼》（《精神的魅力》57—61页，北京大学出版社，1988）有曰："我的那位老夫子，是个北大国文系的用功生。……老夫子帮助我提高了文学素养，我感谢他；也感谢北大自由听课的有利之举，更感谢北大的图书馆，几年之间，不知借给我多少读物。……一年之后，我渐渐变了，变得不再安心于为妻的主妇生活。……我出去找我那些进步的朋友；跑出去参加一些抗日活动。一个温顺的妻子淡化了，一个野马似的东奔西跑的女人，和他同床异梦了。"

只能不相为谋了。"[1] 除了"信"与"疑"的差异，其实还有政治与学术的分歧。

同一个北大，在《青春之歌》以及"负暄三话"中，竟有如此大的反差——前者突出政治革命，后者注重文化建设。这两个北大，在我看来，都是真实的，也都有其合理性。就看你如何叙述，怎样阐释。中国共产党创始人之一、北大图书馆主任李大钊，曾为校庆二十五周年撰文，只字未提如火如荼的学生运动，反而强调："只有学术上的发展值得作大学的纪念。"[2] 已经投身实际政治，但论及大学功能，李大钊依旧看重"学术上的建树"。这与1950年代以后，刻意凸显北大历史上曾经有过的"政治激情"，形成鲜明的对照。

"政治的北大"与"学术的北大"，同样可爱，同样值得深入探究。只可惜，无论是杨沫撰《青春之歌》，还是张中行写"负暄三话"，都未能真正"克尽职守"。

---

[1] 参见张中行：《流年碎影》752—754 页，北京：中国社会科学出版社，1997 年。

[2] 守常：《本校成立第二十五年纪念感言》，《北京大学日刊》1922 年 12 月 17 日。

故事化了的"老大学"

关于"大学叙事",就体例而言,可以是历史,也可以是文学;就立场而言,可以是官方,也可以是民间;就趣味而言,可以是开新,也可以是怀旧。

1988 年,两本有关大学的"怀旧"图书问世。中国文史出版社刊行的《筦吹弦诵情弥切》,副题是"国立西南联合大学五十周年纪念文集",不用说,所收都是回忆文章[1];北京大学出版社刊行的《精神的魅力》,专门为北大校庆九十周年而编撰,全书 65 则短文,最叫座的是第一辑,也就是解放前老北大或西南联大学生的感怀与追忆。季羡林的"代序"《梦萦未名湖》中,有这么一段文字,值得仔细玩味:"一个大学的历史存在于什么地方呢?在书面的记载里,在建筑的实物上,当然的是。但是,它同样也存在于人们的记忆中,相对而言,存在于人们的记忆中,时间是有限的,但它毕竟是存在,而且这个存在更具

---

[1] 此前两年,云南人民出版社和北京大学出版社合作,刊行了西南联合大学北京校友会、校史编辑委员会合编的《筦吹弦诵在春城——回忆西南联大》,体例与《筦吹弦诵情弥切》相似,只是影响不如后者。这两个书名,借用的是西南联大中文系教授罗庸词、张清常曲的《西南联合大学校歌》:"尽筦吹弦诵在山城,情弥切。"

体，更生动，更动人心魄。"[1]

本来只是"等因奉此"的校庆纪念，因老人们的回忆文章实在太精彩了，无意中开启了世人对于"另一种大学"的想象，以及"另一种叙事方式"的追求。十年后，以北大百年校庆为契机，出现了一大批"老大学的故事"，其"大学想象"既迥异于官修正史，也不同于小说家言。

随着《北大旧事》（北京：三联书店，1998）以及《老北大的故事》（南京：江苏文艺出版社，1998）的出版与热销，众多零散的关于老北大的私人记忆被集合起来，而且被作为一种"大学叙事"，加以辨析、阐释与发挥。借助若干老北大的人物和故事，来呈现所谓的"北大传统"和"北大精神"，这种编撰策略，效果很不错。于是，江苏文艺出版社和辽海出版社紧接着组织了"老大学故事丛书"和"中国著名学府逸事文丛"[2]。随后出版的"中华学

---

[1] 季羡林：《梦萦未名湖》（代序），《精神的魅力》2页，北京大学出版社，1988年。

[2] （南京）江苏文艺出版社1998年12月推出的"老大学故事丛书"，包括《老清华的故事》《老复旦的故事》《老交大的故事》《老中大的故事》《老武大的故事》等五种；（沈阳）辽海出版社1998年9月推出的"中国著名学府逸事文丛"，包括《清华逸事》《复旦逸事》《南开逸事》《浙大逸事》《北师大逸事》等五种。

府随笔"丛书以及"教会大学在中国"丛书[1]，走的也是这条路子——谈论大学的历史，从硬邦邦的论说与数字，转向生气淋漓的人物和故事。笔者讨论这一出版现象时曾指出："此举起码让大家意识到，大学不是一个空洞的概念，而是一个知识共同体，一个由有血有肉、有学问有精神的人物组成的知识共同体。关于大学历史的讲述，不一定非板着面孔不可，完全可以讲得生动活泼。从'故事'入手来谈论'大学'，既怀想先贤，又充满生活情趣，很符合大众的阅读口味，一时间成为出版时尚。"[2]

其实，中国各著名大学，大都有自己的校史编纂队伍，也出版过相关著述。若逢五十大庆或百年盛典，更是推出系列出版物。可这些作品，或近于招生广告，或类似工作总结，除了校友及少数教育史专家，很少有人关注。由各大学校长办公室编纂的"中国著名高校丛书"[3]，偏于大学

[1] （成都）四川人民出版社 2000 年 1 月推出"中华学府随笔"丛书，包括《走近北大》《走近清华》《走近复旦》《走近南大》《走近中大》《走近武大》等六种；（石家庄）河北教育出版社 2003—2004 年出版的"教会大学在中国"丛书，共七册，以轻松的笔调，图文并茂地描述以下学校：圣约翰大学、东吴大学、华中大学、辅仁大学、华西协和大学、福建协和大学、金陵女子大学等。

[2] 参见拙文《大学排名、大学精神与大学故事》，《教育学报》2005 年 1 期。

[3] 各著名高校每校一册的"中国著名高校丛书"，1999 年由浙江大学出版社出版。

现状的介绍，只能作为学生择校的参考；台湾中研院近史所推出"近代中国高等教育研究"系列丛书[1]，学术水平不错，但也仅在学界流通。倒是80年代初在台北刊行的《学府纪闻》丛书[2]，有史有文，雅俗共赏，接近日后风行大陆的"老大学的故事"。

谈论大学的历史，为什么选择"讲故事"？表面的理由是："任何一所大学，都有属于他们自己的故事，这些故事，真真假假，虚虚实实，在流传过程中，被赋予了很多感情色彩。大学四年，即便没有专门的校史教育，单是这些口耳相传的故事，也能让你对这所学校有所了解，有所认同。"[3]更深层的原因则是，撰写正史的权力，掌握在官方手中，没有足够的档案资料（以北大为例，1950年代以后的人事档案不能查阅），民间很难从事这项工作。

---

[1] 已刊"近代中国高等教育研究"系列丛书包括：黄福庆《国立中山大学（1924—1937）》，1988年；苏云峰《私立海南大学（1947—1950）》，1990年；苏云峰《从清华学堂到清华大学（1911—1929）》，1996年，《三（两）江师范学堂：南京大学的前身（1903—1911）》，1998年；《抗战前的清华大学（1928—1937）》，2000年。

[2] 1981—1982年南京出版有限公司（台北）刊行的《学府纪闻》丛书，包括《学府纪闻·国立北京大学》《学府纪闻·国立西南联大》《国立交通大学》《学府纪闻·国立武汉大学》《学府纪闻·国立北平师范大学》《学府纪闻·私立燕京大学》《学府纪闻·私立辅仁大学》《学府纪闻·私立大夏大学》等。

[3] 参见拙文《大学排名、大学精神与大学故事》，《教育学报》2005年1期。

而一旦成为官修正史（即便只是"大学史"），需要平衡各方利益，必定收敛锋芒，回避矛盾[1]。这样的写作，既不尽心，也不尽兴。于是乎，让开大路，自居边缘，摆起八仙桌，全凭嘴一张，讲述那五光十色的"老大学的故事"，既不触犯时忌，也符合现代人"不听教训，自有主张"的阅读习惯。正所谓讲者别有幽怀，听者心领神会。

讲故事可以，为什么专挑"老大学"？总共只有百余年的现代中国大学史，以 1949 年为界，分为新、老两大部分。关于大学故事的讲述，基本上集中在"老大学"；就连表彰大学校长，也都以老大学的为主。1988 年，中国文化书院接受王瑶先生的建议，编写并出版了《北大校长与中国文化》[2]，其基本思路是借一个人看一所大学、借一所大学看一个时代。山西教育出版社 1995—1996 年推出的"名人与名校丛书"[3]，以及山东教育出版社 2004 年刊行

---

[1] 时至今日，《北京大学校史》仍只写到 1949 年；当代中国部分，只是在北大百年校庆期间，北京大学出版社"内部发行"的《北京大学纪事》（1998）中有所体现。

[2] 参见（北京）三联书店 1988 年版《北大校长与中国文化》的序一《希望看到这样一本书》（王瑶）以及编者所撰"后记"。

[3] "名人与名校丛书"共六册，分别谈论蔡元培与北京大学、梅贻琦与清华大学、张伯苓与南开大学、盛宣怀与上海交通大学、马相伯与复旦大学、吴玉章与中国人民大学。

的"中国著名大学校长书系"[1]，也都是这个思路。除了解放后创办的中国人民大学，其他大学所表彰的，全都是"老大学"的校长。如此扬老抑新，蕴含着对于当代中国大学发展道路的批评。其实，民国年间的大学，有好也有坏（借用小说家言：既有风光明媚的西南联大，也有乌烟瘴气的三闾大学），不能一概而论；但就像张中行说的，既然是追忆往事，不妨只写好的，不写坏的，目的是创造理想的大学形象。如此"大学叙事"，不无想象、虚构的成分；可具体人事的真伪其实不太重要，关键是借助老大学故事的讲述，体贴并领悟真正的大学精神，接续那曾经中断的教育及学术传统。

　　与目前各大学普遍存在的重实用轻理论、重理工轻人文的大趋势恰好相反，讲述"老大学的故事"，必定偏于人文学者。理由很简单："讲'故事'，注重的不是权势，也不是成就，而是北大人独特的精神气质。……以鉴赏的眼光，而不是史家的尺度，来品鉴人物，人文学者因其性

---

[1] "中国著名大学校长书系"共十册，表彰的对象，包括北京大学校长蔡元培、清华大学校长梅贻琦、南开大学校长张伯苓、复旦公学校长马相伯、南洋大学校长唐文治、东南大学校长郭秉文、浙江大学校长竺可桢、金陵大学校长陈裕光、金陵女子大学校长吴贻芳、辅仁大学校长陈垣等。

格鲜明、才情外显，比较容易获得好评。"[1] 当然，这也与老北大等之影响中国现代化进程，主要在思想文化，而不是具体的科学成就有关。这样一来，形成了一个有趣的局面：重科学管理的，动辄摆"数据"；讲人文修养的，则喜欢说"故事"。别看故事玄虚，故事里边有精神。

"老大学"里多"故事"。这些半真半假的"故事"，在大学校园里广泛流播，而且代代相传，越说越神奇，越说越有趣。将各种已经变成"神话"的校园传说（比如"老北大"或"清华国学院"）[2]，加以认真地清理、甄别、剖析、阐发，对于建构意蕴宏深的"大学叙事"，防止其蜕变成茶余酒后的"闲聊"，是不可或缺的一环。可惜时至今日，这样的工作仍然做得很不够。

随着中国高等教育事业的迅猛发展，两千万在校大学生，需要无数精彩的"大学叙事"来滋养，帮助他们驰骋想象，调整步伐，更好地适应大学校园生活。在这方面，"随笔"与"小说"，各有其无可替代的功能。与随笔作家

---

[1] 参见拙文《老北大的故事》（代序），陈平原、夏晓虹编《北大旧事》21页，北京：三联书店，1998年。

[2] 参见拙著《老北大的故事》（南京：江苏文艺出版社，1998）和拙文《大师的意义以及弟子的位置——解读作为神话的"清华国学院"》，《现代中国》第六辑，北京大学出版社，2005年12月。

之追怀"老大学"不同，小说家依旧关注当代校园生活。1980年代中期的《你别无选择》《穆斯林的葬礼》等，隐约可以读出《未央歌》的回声（虽然二者毫无瓜葛）；而近年出版的《丽娃河》《桃李》等，则显然更愿意追摹钱锺书的讽刺笔墨[1]。

　　描述大学生活，无论是讽刺，还是讴歌，是怀旧，还是幻想，都可能同时被文学史家与教育史家所关注。在这个意义上，众声喧哗的"大学叙事"，其实是很幸运的。希望幸运的"大学叙事"，能有更加美好的未来。

　　　　　　　　2005年11月11日于哈佛大学客舍

　　（初刊《北京大学学报》2006年2期；《新华文摘》2006年13期、人大报刊复印资料《中国现代、当代文学研究》2006年8期，以及《中国当代作家面面观——文学的自觉》（上海：复旦大学出版社，2010年）转载；日译本《文學史の視野のなかの大學についての'語り'》刊（日本）《中國文學報》第七十一册（2006年4月）以

---

[1] 刘索拉：《你别无选择》，北京：作家出版社，1986年；霍达：《穆斯林的葬礼》，北京：十月文艺出版社，1988年；李劼：《丽娃河》，呼和浩特：内蒙古人民出版社，1999年；张者：《桃李》，北京：人民文学出版社，2002年。

及纪平英作等编《京都と北京——日中を结ぶ知の架桥》
（东京：角川书店，2006 年 10 月）

大学校园里的"文学"

　　为什么给"文学"加了个引号？因为，走进大学校园，你会发现，遍地都是文学——有作为科系的"文学"，有作为专业的"文学"，有作为课程的"文学"，还有作为文本的"文学"，作为社团的"文学"，以及作为竞赛的"文学"，以致你不加引号，根本无法区别。

　　这下子你该明白了，大学校园里的"文学"并不简单，起码是复数，而且五彩斑斓。面对大学校园里五花八门，甚至有点变幻莫测的"文学"，你如何选择、反省、参与、欣赏？这涉及你四年大学生活的质量——不，如果想念博士，起码还得十年。人生能有几个十年！不是苏东坡的"十年生死两茫茫。不思量，自难忘"（【江城子】），而更接近黄庭坚的"桃李春风一杯酒，江湖夜雨十年灯"（《寄黄几复》）。前者是悼亡诗，不能乱用的；后者则是怀念挚友，还有那逝去的美好时光，更切合你们日后追怀大学生活的心境。所谓大学生活的质量，不是指毕业后的薪金，也不是哪个专业的学生对社会更有用，而是如何让大学生活过得充实、雅致、有趣，日后回想起来余味无穷。如果从这个角度衡量，"文学"绝对是大学校园里的"头等大事"。

1929 年，当时的北大教授刘半农曾为《北京大学卅一周年纪念刊》写过一篇很有趣的文章《北大河》，建议将老北大三院旁边的那条臭水沟整治好，收归学校所有，并命名为"北大河"。为什么呢？刘教授有一段精彩的论述："总而言之言而总之，我虽然不相信风水，我总觉得水之为物，用腐旧的话来说，可以启发灵思；用时髦的话来说，可以滋润心田。要是我们真能把现在的一条臭水沟，造成一条绿水涟漪、垂杨飘柳的北大河，它一定能于无形中使北大的文学、美术，及全校同人的精神修养上，得到不少的帮助。"

刘教授在巴黎拿的博士学位，误将塞纳河边读书的经验，移植到了中国。他没想到，缺水是北京的大问题，不仅仅关乎文学美术。日后周作人写过一篇《北平的春天》，感慨北京因为缺少水气，显得不够丰腴、滋润，故春天慌里慌张的，刚感觉到它来，马上又跑了。今天北大校园很美，尤其是未名湖周边，那是全国重点文物保护单位。可这不是刘半农设想的"北大河"，此处原先是燕京大学的校址，北大1952年院系调整后才迁入。不过，校园里有一汪水，不管大小，总是显得生气勃勃，好多了；我走了那么多大学，发现真的是不成文的规矩，有江河最好——因为是活水，湖泊也不错——面积可大可小，池塘次之，因清污任务很重，实在不行，起码也得弄个喷水池什么的。

让校园里有水，造成小姑娘眼睛"水汪汪"般的"灵气"，这很好；可让校园里有文学，如春雨般"随风潜入夜，润物细无声"，我以为更重要。后者无形、无色、无声、无息，但却是大学校园里最为亮丽的一道风景，值得你我仔细鉴赏。

下面我讲几个问题：第一，曾经，"文学"就是"教育"；第二，关于"文学与大学"；第三，在"专业"与"趣味"之间；第四，何妨"附庸"一下"风雅"；第五，"作家"还是"写作者"。

一、曾经，"文学"就是"教育"

要说"文学"曾经就是"教育"，不妨先从一则逸事说起。十年前，我因研究北京大学校史，关心其前身京师大学堂是如何创设的，注意西方传教士的影响。狄考文（Calvin W. Mateer）曾代表泰西各国寓华教士组织的"文学会"，"上译署拟请创设总学堂议"。我感兴趣的是，他们建议设立总学堂，设计的众多课程中，竟然没有"文学"。既然是"文学会"，开出的课程表，为什么与中国固有的"词章之学"根本无涉？"文学会之设"，据林乐知（Young John Allen）为这一奏折所加的跋语称，"专以振兴中国文学为己任"[1]。仔细琢磨，终于明白，他们所说的"文学"，并非今人熟悉的"Literature"，而是广义的文化教育。这一点，有此前林译森有礼的《文学兴国策》为证。

日本人森有礼编、美国传教士林乐知等翻译的《文学兴国策》，在晚清影响极大，是梁启超等人理解西方教育制度、创建新学体制的重要样板之一。书中第一篇，耶鲁大学校长华尔赛（Theodore P. Woolsey，1801—1889）复函，论述"文学"如何有益于富国，有意于商务，有益于农务、制造，有益于伦理、德行、身家，有益于法律、国政等[2]，这里所说的关系国家兴亡的"文学"，也是广义的

---

[1] 参见狄考文等《上译署拟请创设总学堂议》及林乐知所作跋语，见《北京大学史料》第一卷 14—18 页，北京大学出版社，1993 年。

[2] 参见森有礼编、林乐知等译：《文学兴国策》2—4 页，上海书店出版社，2002 年。

文化教育，而不是今人熟悉的"Literature"。

不是外国人中文不好，误解了；而是他们希望表达得更古雅些，让那些有文化的中国人明白。当然，也是因为那时作为"Literature"对应物的"文学"，还没真正建立并被广泛接受。先举三个著名人物的"文学观"为例。

王韬曾撰《变法自强》，主张按照西方分科立学的原则来测试、选拔人才。作为学校科目，王韬主张分为"文学"和"艺学"两大类："文学"包括经学、史学、掌故之学和词章之学四科，"艺学"包括舆图、格致、天算、律例四科。如此说来，王韬心目中的"文学"，约略等于今天的"人文学"。

在《盛世危言·考试》中，郑观应建议设立各式学校，分科则"仿照泰西程式，稍为变通"——"凡文学分其目为六科"，"凡武学分其目为两科"（陆军科与海军科）。其中"文学"六科的划分值得注意：也就是说，在郑观应看来，同是"文学"，有广义、狭义之分。广义的"文学"，涵盖除军事以外的一切人类知识；狭义的"文学"，则仅限于诗文、词赋、章奏、笺启之类。

1901年，蔡元培出版题为《学堂教科论》的小册子，从教学的角度，对人类知识进行分类。在蔡元培的分科体系中，共设算学、博物学、物理学、化学、名学、群学、文学、哲学、宗教学、心理学等十科。其中的"文学"，包含音乐学、诗歌骈文学、图画学、书法学、小说学五个分支。从"美术"以及"玩物怡情"的角度来界定"文学"，这已经迈出了一大步，可还是稍嫌笼统。

回过头来再说"文学"为什么可以等同于"教育"。

《汉语大词典》中"文学"一词，征引的范围，从孔子到鲁迅，分列十种不同含义。第一指孔门四科之一，第二指儒家学说，第三泛指文章经籍，第四儒生，第五学校，第六文才等。关于"文学"可以训为"学校"，即习儒之所，词典引的是北魏郦道元《水经注·江水一》："南岸道东，有文学。始文翁为蜀守，立讲堂作石室于南城……"或许，采用时代更早的曹操的《修学令》，更合适，也更带劲。

建安八年，也就是公元203年，曹操下《修学令》："丧乱以来，十有五年，后生者不见仁义礼让之风，吾甚伤之。其令郡国各修文学。县满五百户置校官，选其乡之俊造而教学之。庶几先王之道不废，而有以益于天下。"这里说的"各修文学"，当然就是指教育了。你看，设校官，选才隽，认真培育，以使得社会风气改良，"先王之道不废"。前人对此评价甚高，可也有教育史家认为："其实是利用学校来培植自己的势力，准备夺取政权。"[1]无论谈什么，都先追问动机，既然曹操是个野心家，热心办学，肯定没安好心。这么深刻的论述，有点走火入魔了。

其实，在古代中国，出现最早且影响久远的关于"文学"的界说，还不是教育，而是"文章博学"。《论语·先进篇》说到孔门四科，分德行、言语、政事、文学，有所谓"文学：子游，子夏。"也就是说，文章博学，则有子游、子夏二人。这里的"文学"，不是擅长文学创作的意思，而是涵盖了整个人文修养。孔子教导自己的儿子鲤："不学《诗》，无以言。"（《论语·季氏篇》）这不完全是语言表达问题。你看，《论语·阳货篇》称："子曰：小子何莫学夫《诗》？《诗》，可以兴，可以观，可以群，可以怨。迩之事父，远之事君；多识于鸟兽草木之名。"这些流传千古的名言，上文学史或批评史课时，都会引用。学习《诗》三百篇，不仅是训练表达能力，更包含思想、趣味、思维、情感、学识等，整个一个人文教育。

学《诗》，其范围及功能远远超过了今天的文学教育；反过来，"六经"中其他科目的训练，也包含了若干今人所理解的文学教育。《史记·孔子世家》说："孔子以《诗》

---

[1]　参见毛礼锐等：《中国古代教育史》204 页，北京：人民教育出版社，1983 年。

《书》《礼》《乐》教，弟子盖三千焉。"再加上学《易经》《春秋》，"身通六艺者，七十有二"。所谓孔子弟子三千、贤人七十二，就是这么来的。此后两千多年的中国教育，大体都是这个样子——一方面，所有的读书人都很重视辞章诗赋，另一方面，政府和民间又没有设立专门研究"文学"的学校或科目。东汉末年的鸿都门学可能是个例外。这所创立于灵帝光和元年（178）的专门研究文学艺术的新大学，据说是为了与以经学为中心的太学对抗，也是一种政治斗争的策略。不管怎么说，教育史家很看重其开创性："世界上的专门大学，特别是专门的文学艺术大学，当以鸿都门学为最早。"[1] 这种不以儒家经典为教学中心的教育方式，影响了唐以后各种专门学校的创立。不过，唐宋以降的专门学校，有学艺术的，却没有专攻文学的。除作为读书人正途的国子学、太学外，唐代有四门学，包括律学、书学、算学、医学；宋代则有武学、律学、算学、书学、画学、医学。文学为什么不在其列？就因为那是所有的读书人都必须修习的；既然人人都会，没必要专门训练。

换句话说，文学很重要，但主要是修养，而不是技艺，不必要设立专门的学校。这个思路一直延续到晚清。建立

---

[1]　参见毛礼锐等《中国古代教育史》167 页。

新学制，创办现代大学时，还曾因是否需要设立"文学"科系，有过激烈的争议。这方面的论述，有兴趣的同学，可参见我收录在《中国大学十讲》（上海：复旦大学出版社，2002）中的《新教育与新文学》一文。

在漫长的历史岁月里，谈及教育，文学既是中心，也是余事。确实有过对于教育专门化的追求（比如清代的颜元），更不乏对于科举制度的严厉批判。这里面，朝廷取士与民间办学二者的纠葛，始终是个大问题。去年是废除科举制度百年，不少学者发表了意见，如何重新看待中国人延续千年的科举制度。从隋炀帝大业二年（606）置进士科，开创了绵延一千四百年的科举制度。历朝历代考试科目有所变化，其中诗赋取士，对唐代诗文繁荣影响很大；但一般说来，科举出不了伟大的文学家。这一点也不奇怪。科举取士，很像今天的公务员考试，第一思想正确，第二头脑清楚，第三常识丰富。行了，就这样，具体事务有吏（专门人才）来处理。这是选拔官员，又不是"新概念作文"比赛或者"红楼梦文学奖"评选。程式化的考试，确实摧残人才；可另一方面，形式上的公平，使得下层百姓有可能通过考试改变命运。还记得《烂柯山》里朱买臣马前泼水吗？别小看穷书生，苦读诗书的结果，说不定有朝一日高中。读书就是为了当官，专门家不被看好，这使得传统中国的科学不甚发达。可另一方面，大一统中国，之所以能上下贯通，自由流动，靠的就是这个制度。"王侯将相宁有种乎"，那必须通过战争甚至改朝换代来落实；至于科举考试，则真的使得穷苦人家的孩子有改变自家命运的可能性。这一上下流通，不仅仅是从乡下到城市，还有倒过来的，比如官员的"告老还乡"。你到婺源去旅游，那里古代属于徽州，上世纪50年代才划归江西，很多偏僻的乡村里，都能见到精致的徽派建筑。谁盖的？或是商人发财，或是官员告老还乡。官员之所以告老还乡，可能是颐养天年，也可能是逃避政敌的迫害。至于回到乡里，可能鱼肉乡民，也可能提升当地民众的文化水平。"一乡有一善士，则一乡化之"，这是传统中国文化普及、道德提升的一大特征。从什么时候起，商人发了财不回家，官员退休后更愿意待在城里？晚清以后。这跟西方文化的进入有关，但更关键的是，城市的医疗及文化娱乐大发展，相形之下，农村日益衰败。在此之前，城乡的生活水平相差不是很大，各有各的好处。要不，怎么会有那么多文人愿意隐居山林？现在呢，除了度假村或乡间别墅，还有哪个得志的官员或富豪愿意"告老还乡"？前一阵子读报，见韩国总统卢武铉回只有几十户人家的家乡盖房子，准备退休后回来，跟老邻居一起钓鱼。我很感动。什么时候我们这些从乡下走出来的读书人，功成名就后，还愿意回到老家去，那个时候，"新农村建设"才能说是获得成功。

好，闲话就此打住，还是回到文学教育。我关注的是，现代大学制度建立后，"文学"在校园里的地位以及命运。

二、关于"文学与大学"

一百年前，美国新人文主义大家欧文·白璧德（Irving Babbitt，1865—1933）出版了他的第一部著作《文学与美国的大学》，其中第四章的题目就叫做"文学与大学"。白璧德强调，大学的目的，就是"在这个量化时代中造就有'质'的人"。此前，斯宾塞在《论教育》中，"带着真正的预言精神宣告科学将日渐战胜艺术与文学"，称文学艺术只配"占据教育的闲散部分"。这么贬低文学的功用，作为文学教授，白璧德当然非常愤怒，于是奋起反驳："尽管整个世界似乎都醉心于量化的生活，大学却必须牢记自己的任务是使自己的毕业生成为高质量的人"，关键在于"人文"，而文学又是关键中的关键[1]。白璧德的"新人文

---

[1] 白璧德著、张沛等译：《文学与美国的大学》57、61、72 页，北京大学出版社，2004 年。

主义"，1920 年代因弟子吴宓、梁实秋等人的大力宣扬，在中国引起关注。但因学衡派是作为新文化运动的对立面出现，长期以来受排斥；最近十几年，才重新得到学界比较正面的评价。

在此之前，英国著名神学家、教育家约翰·亨利·纽曼（John Henry Newman，1801—1890）出版了《大学的理想》一书，那是西方教育史上较早系统、全面地论述大学教育基本理论的名著，其中包括一篇《文学——在哲学和文学学院的演讲》。文学是什么？纽曼的回答是："文学就是用语言来表达思想。我所说的'思想'是指各种主见、情感、观点、推理及其他的大脑思维活动。"前些年，有人嘲笑鲁迅没写过长篇小说，因而不能算伟大的作家；也有人将抒情作为散文的最高境界，这些我都反对。不是为鲁迅争气，而是涉及文学的定义。"这些伟大的作家按照自己感悟到的方式去创作，用最恰如其分的方式把他们自己要说的话写下来。"[1] 或简洁自如，或热情奔放，或实事求是，或条理分明，如此精雕细刻，都是好文章。纽曼举的例子，是历史学家吉本（Edward Gibbon，1737—

---

[1] 纽曼著、徐辉等译：《大学的理想》150、144 页，杭州：浙江教育出版社，2001 年。

1794），他的代表作是《罗马帝国衰亡史》；《吉本自传》三联书店出过中译本，其中谈及如何再三斟酌这部历史巨著的叙述文体，很有意思，值得品味。

纽曼书中有这么一句："谚语说得好：'诗人是天生的，不是后天造就的。'经无数事例验证，这对其诗作或诗人本身都是确凿无疑的。它们是生出来的，而不是编造出来的。"[1] 对于文学院的学生来说，这话该如何理解？没有天才，你学了也没用；若是天才，又何苦来这里念书？确实，真正伟大的作家，很少是大学里培养出来的文学博士。还记得高尔基的自传体三部曲《童年》《在人间》《我的大学》吧？苦难是人间最重要的学习与教育。这一点，跟章太炎说的差不多：平生学问得于师友讲习者少，得于人生忧患者多。哈佛旁边的书店里，陈列着许多经典文学作品，但它们的作者，大多没受过很好的教育。写《汤姆·索耶历险记》的马克·吐温，小学没念完；写《嘉莉妹妹》的德莱塞，中学退学；至于爱伦·坡、福克纳、斯坦贝克等，也都是大学未毕业[2]。

中国的情况也差不多。举个例子，沈从文就是自学成

---

[1] 纽曼著、徐辉等译《大学的理想》139 页。

[2] 参见童元方《布鲁克兰书匠铺》，《书城》2006 年 9 月。

才的。沈从文 1923 年到北京后，曾在北大旁听，但那无关紧要；结识郁达夫、徐志摩、林徽因等作家，或许那才是关键。沈从文日后曾在青岛大学、西南联大、北京大学教小说写作，因此，这个命题应该倒过来了：不是大学教育启发了他的文学才华，而是他改变了学院里的教学方式。

也有正儿八经留学的，可所学专业跟其日后的文学创作距离十万八千里。比如，鲁迅曾在日本的仙台医专读书，成绩中等，作为外国人，这已经很不容易了。鲁迅不是像有人胡乱猜测的，因学医失败，才弃医从文，这点学界多有考证。真正因自身缺陷而放弃医学的，是诗人兼史学家郭沫若。郭沫若曾在九州帝国大学学医，可因为 17 岁在嘉定府中学读书时得过一次肠伤寒，病中并发的中耳炎严重损害了听力。作为医生，临床使用听诊器有困难；于是改为从事文学、史学以及政治活动。不能说早期的医学教育对他们的文学创作毫无帮助，比如鲁迅的《狂人日记》以及郭沫若早期小说，都可以看到一点学医的影子，如对于迫害妄想狂的病理学分析，或对性心理学的了解。但这些，都不是鲁迅、郭沫若成为伟大作家的关键所在。

最近的例子是余华，他当过五年牙医，不过，好像没受过什么专业训练，属于耳濡目染，说好听点是"家学渊源"。日后转过来写小说，从小在医院长大这一经历，还是在潜移默化中起作用。余华的小说，擅长以冷静笔调描写血腥、暴力和死亡，揭示人性的残酷与存在的荒谬，我以为这与其短暂的行医经历有关。

当然，我也可以举冯至、汪曾祺等，他们是学文学的，以后的成就与早年的学校教育关系密切。1920年代在北大念德文系的冯至，日后成为现代中国最为著名的抒情诗人之一，在《"但开风气不为师"——记我在北大受到的教育》中，冯至提到："我喜欢诗，常去听讲诗的课。"特别讲到，沈尹默讲唐诗，黄节讲汉魏乐府，如何让他大受感动[1]。汪曾祺《西南联大中文系》中，提到了在"大一国文"这门各系学生都必修的课上，听刘文典讲《庄子》、闻一多讲《楚辞》、罗庸讲杜诗，还有沈从文教的三门课"各体文习作""创作实习""中国小说史"，文章最后称："我要不是读了西南联大，也许不会成为一个作家。至少不会成为一个像现在这样的作家。"[2]沈从文讲授的课程，对汪曾祺影响最大，这点文学史家都注意到了；而汪本人在《沈从文先生在西南联大》中，也有详细的描写。那是一篇好文章，不但对于理解沈、汪的师承联系，对于理解大学里

[1]　冯至：《"但开风气不为师"——记我在北大受到的教育》，《精神的魅力》18—23页，北京大学出版社，1988年。

[2]　汪曾祺：《西南联大中文系》，《精神的魅力》77—81页。

的文学教育，也都很有益处。

这两个例子，很长学文学人的志气。可也有让人泄气的，比如作家刘绍棠从北大中文系退学的故事。刘绍棠的文学创作起步很早，13岁便在报刊上发表作品。1952年上高中一年级时，在《中国青年报》上发表了他的成名作《青枝绿叶》。这篇小说被臧克家主持的《新华月报》文艺版转载，还被编入1953年高中二年级的语文教科书。于是，引起了主持团中央工作的胡耀邦的注意，将刘列为重点培养对象。1954年，刘绍棠被推荐进入北京大学中文系，一年后申请退学。原因呢，据说是课程学习和文学创作之间的冲突——他本人希望乘胜追击，多少也有像张爱玲所说的"出名要早"的意思。退学申请交上去后，北大校方以及高教部都不同意，最后求助于胡耀邦，才得以成功。两年后，在"反右运动"中，刘被打成右派，二十年后才得以翻身，重获创作自由。如何看待这个退学事件，是北大教学方式有问题，还是刘绍棠自我设计的错误，或者是整个大环境使然？当然你可以说，以他的狂傲，退不退学都可能摔跤，被错划成右派，那是国家的事，自己把握不了。可我听北大好些老教授感叹，刘绍棠有才气，但底子薄，急于成名，急于出大作品，结果很快就才思枯竭。被打成右派之前，其创作已经出现某种颓势。

我还是那句话，文学很重要，但主要是修养，而不是技艺。没读大学的，若有天分以及好的机遇，可以成为优秀作家；念了中文系或外文系的，不见得就能写出好诗或好小说。但反过来，大学里的文学教育，对于作家之"厚积薄发"，还是起作用的。这么说，不至于被误解为"文学"与"大学"毫无关系吧？

三、在"专业"与"趣味"之间

大学校园里，同样谈论文学，可能是专攻唐诗宋词的文学博士，也可能是研究天体物理的老教授。他们之间有没有共同语言？有，那就是都喜欢"文学"。至于具体评说，则可能相差十万八千里。你们大概会以为，我是独尊专家，而看不起业余爱好者。相反，我对凭直觉、凭兴趣，童言无忌，信口开河，很是羡慕。碍于专家身份，你必须与人为善，以理服人——前两天，有记者电话采访，说有人认为韩寒比鲁迅还伟大，你怎么看？这是哪跟哪，真想破口大骂。另外，专业研究者有时会出现审美疲劳，或者碍于常规，对新出现的文学现象判断不准。所以，蔑视常规，纯凭个人兴趣，下大判断，有时也能出彩，让职业批评家相形见绌。我大致同意法国学者蒂博代（Albert

Thibaudet，1874—1936）的说法，职业批评"乃是一种讲坛上的批评"，长于逻辑与条理，着重整理和推论，相对来说不够敏感。而"对同代人的批评，尤其需要鉴赏力，一种活跃的、敏锐的、年轻的鉴赏力"[1]。正因如此，我们不该完全排斥那些作家、记者或一般读者所作的"自发的批评"。而作为职业批评，我们应该努力进入文学的内部，尊重自家的眼光与文学立场，在"专业"与"趣味"之间，保持必要的张力。

在现代中国，"文学教育"这个职业，或者说"文学"作为一个学科，到底是如何建立起来的，我在《新教育与新文学——从京师大学堂到北京大学》中有所辨析[2]。而在《"文学"如何"教育"》中，我提到晚清以降文学教育的变化："文学教育的重心，由技能训练的'词章之学'，转为知识积累的'文学史'，并不取决于个别文人学者的审美趣味，而是整个中国现代化进程的有机组成部分。'文学史'作为一种知识体系，在表达民族意识、凝聚民族精神，以及吸取异文化、融入'世界文学'进程方面，曾发挥巨大作用。至于本国文学精华的表彰以及文学技法的承

---

[1] 蒂博代著、赵坚译：《六说文学批评》33—70 页，北京：三联书店，1989 年。
[2] 参见笔者《中国大学十讲》101—133 页，上海：复旦大学出版社，2002 年。

传，反而不是其最重要的功能。"[1]

经过一百年的演进，现在中国的"文学教育"，已经树大根深，花繁似锦。到底复杂到什么程度，举两条材料，让大家有个感性的认识。先看国家标准《学科分类与代码》，750 是文学，750.11 是文学理论，750.14 是文艺美学，750.17 是文学批评，750.21 是比较文学，750.24 是中国古代文学史，古代文学下面又分周秦汉文学、魏晋文学、南北朝文学等。750.34 是中国各体文学，接下来分中国诗歌文学、中国戏剧文学、中国小说文学、中国散文文学。750.37 是中国民间文学，750.41 是中国儿童文学，750.44 是中国少数民族文学，不用说，下面又有蒙古族文学、藏族文学、维吾尔族文学等。750.47 是世界文学史，接下来有按时代分的，如古代世界文学史、中世纪世界文学史、近代世界文学史、现代世界文学史；又有按国别分的，如印度文学、日本文学、俄国文学、英国文学等。最有意思的是，代码为 750.99 的"文学其他学科"，也就是说，实在塞不下的，都可以搁在这里。至于新闻学、艺术学等，有另外的学科代码。如此细致的分类，可见专业化程度之

---

[1] 《"文学"如何"教育"》，《当代中国人文观察》240—246 页，北京：人民文学出版社，2004 年。

高。不是一句"我喜欢文学"，或"我是教文学的"，就敢包打天下。

之所以提到新闻学、艺术学等，那是因为，按照国务院学位办的规定，拿"文学"学位的，包括中国语言文学、外国语言文学、新闻传播学、艺术等 4 个学科 66 个本科专业。据统计，最近几年，我国大学授予文学学位的，约占同期毕业生总数的 9%。换句话说，两千多万在校大学生中，大约有两百万是准备拿文学学位的（学士、硕士、博士）。

说这些，无非想说明，"文学"已经成为大学里十分重要的专业设置或主干课程。读文学学士、硕士、博士学位的，即使不专门研究文学，也都修过文学方面的课程。作为专业的"文学"，因为有此体制方面的支持，目前进展顺利；反而是另外一方面，即作为"趣味"的文学，让人牵肠挂肚。不是课程，没有学分，也缺乏必要的经费支持，大学校园里非专业的"文学"，还能不能存活下去？还有没有发展前景？这是我所关注的。

我想强调的是，大学校园里的文学教育，其工作目标主要不是培养作家——能出大作家，那最好，没有，也无所谓。不是办作家班，而是养成热爱文学的风气，以及欣赏文学的能力。这样来看待校园里各种层次的"文学"——

包括科系设置、课程选择，以及社团活动等，会有比较通达的见解。

记得上世纪 70 年代末 80 年代初思想解放运动时，各大学的学生刊物曾发挥很大作用。我曾撰文谈及中山大学的《红豆》，以及全国大学生杂志《这一代》等。现在呢？北大每年都举行"未名湖诗歌节"，还有中文系学生办的《启明星》等，很活跃，但影响有限。其实，从五四时期北大学生办《新潮》起，校园文学始终生机勃勃，是文学人才的摇篮，也是文学创新的试验田。

我刚接到 2006 年第 8 期《文讯》，这是一份由台湾文学发展基金会支持的刊物，上面有一个专题"啼声初试——综观大学校园文学奖"，值得一读。根据调查，台湾 161 所大专院校中，举办文学奖的有 62 所。这些文学奖的设立，大都超过十年，最长的已经举办 37 届。奖金最高的，是"台大文学奖"，小说组首奖奖金新台币三万元，约合人民币七八千；最低的是台南护理专科学校的"夏之页文学奖"，奖金 300 新台币，等于七八十元人民币。奖金多少无所谓，主要是精神鼓励。更有趣的是，设奖最普遍的是散文，总共设了 60 种；其次是新诗，57 种；小说第三，51 种。文学评论只有 6 种，很可怜。倒是设立古典诗奖的，有 10 种之多，大大出乎意料。另外，还设有古文、词、骈文和曲等奖项[1]。单看设奖方式，就知道他们的文学教育，与我们有很大差别。这事情有意思，建议《当代作家评论》也做一次，把全国各大学校园里的文学社团、文学杂志以及文学奖项整理一下，既显示实绩，也暴露问题，以便进一步改进。同时，我想，应该让全社会以及学界明白，当代中国，所谓的"青少年写作"，并非只有商业模式，校园文学依然是重镇。只看谁谁谁卖了多少册书，得了多少版税，那并不代表文学的未来。

说到"专业"以外的"文学趣味"，最容易让人联想起来的，是现在大学里普遍开设的通识课程。你是学物理的，他是念计算机的，但都必须修一点文学方面的课程。解放前叫"大一国文"，现在则是《大学语文》。作为教师，面对千差万别的学生，如何引诱他们进入"文学"殿堂，可不是一件简单的事情。课本的编写，就是个大问题。以前基本上都用徐中玉等主编的《大学语文》，后来许多大学教师自己编，或联合若干院校教师一起编，真可谓"异彩纷呈"。我看过的，比较有特色的是温儒敏主编的《高等语文》(江苏教育出版社)、夏中义主编的《大学新语文》

---

[1]　参见须文蔚《轻歌散轻声——大专校园文学奖类型论》，《文讯》2006 年
　　8 期。

（北京大学出版社），以及钱理群等编撰的《大学文学》（上海教育出版社）——后者更是旗帜鲜明地提出改革《大学语文》的思路，即轻装上阵，撇开语文知识以及思想教化，而以"文学经典"为中心。

这些书的编者都很用心，出版销售情况也很好。可我一直怀疑，大学里的文学教育，能否有另外的路子。靠增加一门必修课，是否就能提高学生的阅读欣赏文学的能力；希望一册选本定乾坤，很可能怎么编都有问题。我更倾向于开设各种文学方面的选修课程，让学生自由选择，学校只要规定学分就行了。千万不要低估学生的阅读和鉴赏的能力。甲选的是小说，乙选散文，丙喜欢韩愈，丁专攻莎士比亚，都可以，只要你感兴趣就行。一定要走出"中学语文"的教学模式，主要是培养学生选择、阅读、欣赏文学作品的兴趣与能力。你可能担心，这么一来，学生的阅读很不全面。本来就不是专业研究，要那么全面的知识干什么？与其全面开花，不如千里走单骑。文学课程不同于物理或化学，缺了这一环，后面的就完全听不懂。文学阅读没必要这么循规蹈矩。有了基本的阅读训练后（这个阶段，中学已经完成了），完全可以选着听，跳着读，没必要过分强调知识的系统性。所谓"循序渐进"，主要指的是专业训练，不适合于文学爱好者。跳过唐诗讲宋词，是有些遗憾，但不是完全听不懂。更何况，就像学外语，听录音带，只要你愿意，可以来回倒带子。没有人规定，一辈子就只能看一遍《水浒传》，或者只能读一遍《离骚》。随着时间的推移，你的阅读理解会不断加深。这才是正道。关键是培养阅读兴趣，至于专注《楚辞》，还是偏爱托尔斯泰，没关系，都是好事情。读书的人都明白，只要你养成兴趣，自然会由此及彼，触类旁通。在我看来，以培养"阅读兴趣"作为大学里非专业的文学教育的工作目标，这样做更实在，也更有效。

四、何妨附庸一下"风雅"

同样是"阅读"，其实天差地别。有人读经典，有人读时尚；有人深度阅读，有人浅层阅读；有人随便翻翻，有人正襟危坐。哪一种阅读最好，很难说，取决于你读书的目标。

时代变了，如果我引用先贤的话，告诉你只能读经典，不要读那些没经过时间淘洗的新书，你肯定觉得太迂腐了。可反过来，你只读时尚书籍（包括流行文学），即使整天手不释卷，也都收获不大。读时尚，不是不可以，只是别太赶热闹，最好保持自由选择的权利以及独立思考的空间。

你可能会说，我也知道经典很好，可我读不懂；而且，读起来很累很累。读不懂还在读，读得很累仍然坚持，这不等于在"附庸风雅"吗？好，就从附庸风雅说起。清人蒋士铨撰有传奇《临川梦》，在第二出"隐奸"中，陈继儒的上场诗是："妆点山林大架子，附庸风雅小名家。"结尾则是"翩然一只云间鹤，飞去飞来宰相衙"——你们念中国文学史的，大概都会知道这一节。其实，这个评价，清初大诗人钱谦益已有言在先。不用说，这里的"附庸风雅"是贬义词。过去我也是这么想的，可有件事，改变了我对这个词的理解。

十年前，我出版过一册《阅读日本》的小书，其中谈到我在日本看画展的体会——开始很不以为然，嘲笑日本人不懂装懂，慢慢才悟出其中奥秘，于是产生了敬意。什么叫文化，什么叫教养，就是这么一点点积累、一点点提升的。用《论语》的话说："敏而好学，不耻下问，是以谓之'文'也。"（《公冶长篇》）各人天赋不同，机遇不等，不可能每个人都成为文学家、艺术家，但保持一种对于文学艺术的敬畏，努力去学习，去观赏，甚至只是去"捧场"，去消费，都是件好事。因为喜欢——或者假装"真的很喜欢"，别笑，很多人都是这么起步的。对于"风雅"，从"附庸"日渐走向知音，从装点门面，最后走到登堂入室。

所谓"附庸风雅",有个前提,那就是知道什么是风雅,什么是粗俗。你要是不承认书有好坏之分,只要有字,拿起来就读,那样的话,开卷无益,不能怨别人。你说,我不管,什么书读起来轻松,我就读什么书;什么事做起来容易,我就做什么事。那也可以,这叫"消闲",不叫学习。在某种意义上,学习有趣,但是个很累的事情,不可能永远快乐。

我相信,人都有向上之心,又都有很大的惰性。一般来说,"放松"比"抓紧"容易,"下坠"也比"提升"舒服。作为教育者,我以为,指出向上一路,比怂恿向下滑落要好;同样道理,"附庸风雅"比"假装流氓"好。因为,二者都有可能经过一番努力,越学越像。我不喜欢"我是流氓我怕谁"这样的名言,因为,这里所隐含的,除了反叛——这点我们往往从正面去理解,还有对于道德约束与精神提升的彻底放弃。提升很累,放下则很舒服;久而久之,很可能无法分辨良莠,或者假装看不清,以推卸责任。

因此,我反其道而行之,提倡何妨也来"附庸"一下"风雅"——取法其上,起码还有向上走的可能。我说的是道德、文章、学养、趣味,而不是金钱和享受。1980年代,我们会因为加缪的《西西弗的神话》而激动不已,今天的大学生还会这样吗?基于某种信念,知其不可而为之,这样的人现在太少、太少了。有句老话，叫"虽不能至，心向往之"。以它来解读"附庸风雅"，也是别有风味。

回过头来，还想说说读书。嘲笑人家整天沉湎于时尚读物，是"自甘沉沦"，未免言重了；不过，如何选择有效的读书方法，确实是个问题。不久前，我在三联书店举行的"文史悦读消夏读书会"上，做了题为"现代中国的文人与学者"的专题演讲，其中谈及金克木先生。金先生写文章之所以纵横捭阖，跟他青年时期的读书不拘一格有关。那时，他在北大图书馆工作，看到著名学者来借书，他就偷偷记下来，然后跟着读。如此"取法其上"，很聪明。现在不一样了，很多人读书是跟着广告，跟着电视，跟着明星，那太可惜了。

五、"作家"，还是"作者"

刚才说了，大学文学教育的主要目标，是培养兴趣、提高修养，而不是造成多少"作家"。之所以这么说，那是因为，中国的"作家"有其特殊含义，不是每个"码字的"（王朔语）或出书的人，都可以被称为"作家"。

这里所说的作家，其实就是文学家，也就是专门撰写诗文小说戏剧的。我们都知道，这样来理解"文学"，是晚清以降才形成的思路。"文学"的概念在演变，并非从来如此；这一点，中外都一样。《不列颠百科全书》是这样界说"文学"的：【Literature 文学】用文字记录下来的作品的总称。常指凭作者的想象写成的诗和散文，可依作者的意图以及写作的完美程度而区分优劣。文学有各种不同的分类法，可按语言或国别分，亦可按历史时期、体裁或题材分[1]。

依据想象创作出来的，才叫文学，那是后来的定义；最初则涵盖了所有用文字记录下来的作品。实际上，直到今天，文学的定义也仍有很大的伸缩性。刚才提到，纽曼特别推崇的爱德华·吉本，主要不是辞章家，而是史学家。可他的《罗马帝国衰亡史》很受欢迎，在文学史上也有崇高地位。王佐良在《英国散文的流变》中，专门提及此书"表面上的典雅与骨子里的嘲讽"相混合的这么一种特殊的散文风格，并且称："这才是他的杰作，也是英国和欧洲史学界文学界至今称颂的不朽巨著。"[2]

罗素以及丘吉尔的获奖，更可见文学概念的弹性。1950 年，伯特兰·亚瑟·威廉·罗素（Bertrand Arthur

---

[1]　《不列颠百科全书》10 卷 128 页，北京：中国大百科全书出版社，2002 年。

[2]　参见王佐良：《英国散文的流变》87 页，北京：商务印书馆，1994 年。

Wieeiam Russel，1872—1970）获得诺贝尔文学奖，那年恰好是诺奖设立 50 周年。你可以说罗素是我们这个时代最伟大的学者，是理性主义、人道主义的代言人，是西方思想解放与言论自由的见证人，可其众多影响深远的著述，如《数学原理》《物的分析》《意义与真理的探究》《人类的知识：它的范围和界限》等，涉及哲学、数学、伦理学等诸多领域，跟一般想象的诗文、小说、戏剧等"文学"，实在离得太远了。1953 年，诺贝尔奖评委会又把文学奖颁给了政治家、演说家以及历史传记作者丘吉尔（Sir Winston Churchill，1874—1965）。他那六巨册三百万字的《第二次世界大战回忆录》确实是好书，却也远离了世人对于"文学"必须基于"想象"的传统预设。

提及这些，跟我本人的学术趣味有关。在《当年游侠人——现代中国的文人与学者》中，我谈到，我关注的是有学问的文人，以及有情怀、有文采的学者。为什么？就因为晚清以降，专业化潮流势不可挡，学者和作家各自划地为牢。人多讥笑作家没学问，很少反省学者不会写文章。最近这些年，面试博士生时，我会让考生当场写点东西，不要求妙笔生花、声情并茂，但要求有想法，而且能准确、生动、简洁地表达出来。现在的大学生，在想象、虚构以及使用隐喻、反讽等文字技巧方面，远比我们那一代强。

但如果不是天马行空的"美文"，而是要求通过广泛的阅读、调查、探索、归纳，而后撰写文章，这样"有学有文"的写作训练，则比较缺乏。这与我们的中学语文教育有关，也与世人对"文学"的理解有关。

清人章学诚在《文史通义》中称："史所载者，事也；事必藉文而传，故良史莫不工文。"（《史德》）史学家钱穆，对此很有体会："诸位要学历史，首先宜注重文学。文字通了，才能写书。现在只讲科学方法，不通文，不通书，只取一堆材料来做分析考据工夫，认为这便是科学方法了，然而史学则不就如此而止。"[1] 在《科学的古史家崔述》中，胡适征引崔述 35 岁那年自陈有志著述而先从熟玩韩愈、柳宗元、欧阳修三家文章入手的书信，然后大加发挥："要知文章虽是思想的附属工具，但工具不良，工作也必不能如意。"[2] 所有这些，都是经验之谈。

近年流行学者散文，其实，更值得关注的，是那些有文学趣味的著述。我特别欣赏朱自清的《经典常谈》，不仅通俗易懂，本身便是好文章——我以为比其成名作《背影》（散文集）还好。费孝通的《乡土中国》也有异曲同

---

[1]　参见钱穆《中国史学名著》267 页，北京：三联书店，2000 年。

[2]　参见《科学的古史家崔述》，《胡适文集》第七卷 176—177 页，北京大学出版社，1998 年。

工之妙。宗白华、朱光潜以及近年的金克木、季羡林等，都有此本事，在学术著作中，不经意间，显露其文学才华。另外，也有社会科学家越界操作，直接将"文学"作为研究对象的，比如学公法学的萨孟武写过《水浒传与中国社会》《西游记与中国政治》《红楼梦与中国旧家庭》三本有趣的小书，最近北大法学教授朱苏力则出版了《法律与文学——以中国传统戏剧为材料》。这些书都别有新意，值得我们关注。

我曾经发过感慨，国外著名学者，不管是哲学家、史学家，还是法学家、社会学家，著书立说时，都喜欢征引文学经典。因为，那既是必要的人文修养，也确实有利于论题的深入展开。可见，不一定当"作家"，成为学识丰富、趣味广泛的"作者"，具有很好的文类意识与表达能力，能写一手雅致的白话文，我以为更值得期许。在这方面，大学里的文学教育，将大有用武之地。

说这些，无非是诱惑诸位热爱文学，亲近文学。在你进入专业训练甚至成为"术业有专攻"的学者以后，希望你还记得，就在你隔壁，还有位老朋友，值得你不时前去拜访——那就是"文学"。

最后，回到宋人黄庭坚的诗句——"桃李春风一杯酒，江湖夜雨十年灯"，日后让云游四海的你们感怀不已的，便是校园里的"桃李春风";至于那"一杯"沁人心脾的美"酒",或许正是今天我们所谈论的"文学"。

　　附记：2006 年，作者曾以此为题，先后在渤海大学（9 月 8 日）、北京外国语大学（10 月 24 日）、西安建筑科技大学（11 月 5 日）、澳门大学（11 月 20 日）、华中科技大学（11 月 28 日）、华东师范大学（12 月 24 日）做专题演讲。赶在岁末，将讲稿整理成文，奉献给广大读者。

　　（初刊《渤海大学学报》2007 年 2 期；人大报刊复印资料《中国现代、当代文学研究》2007 年 6 期转载）

当代中国人文学之"内外兼修"[1]

上世纪 90 年代初，中国的政治、经济、社会、文化均发生巨大的转变。就在邓小平"南方讲话"后不久、市场经济刚刚崛起的 1993 年，我参加了瑞典斯德哥尔摩大学召开的"当代中国人心目中的国家、社会与个人"国际学术研讨会（1993 年 6 月 11—15 日），提交了《当代中国人文学者的命运及其选择》，论文第四节专门讨论人文学者如何在市场经济大潮中"重建学术自信"；去年秋冬之际，我又以《人文学的困境、魅力及出路》为题，先后

---

[1]　此乃笔者提交给 2007 年 8 月 15—17 日在澳大利亚莫纳什大学召开的"放长眼，量宇内：展望思想中国的未来"（Thinking Ahead: Chinese Visions on a Planetary Scale）国际学术研讨会的论文，感谢会议主持人黄乐嫣（Gloria Davies）教授以及论文评议人叶晓青教授。

在中国人民大学、武汉大学和清华大学等校作了专题演讲，第二节名为"重建人文学的自信"[1]。演讲时没在意，整理成文后，方才发现这个不该有的瑕疵——仔细想想，如此"老调重弹"，分明隐藏着某种"茫然""自卑"或"不确定"。再加上提交给韩国全南大学主办的"全球化背景下的人文研究"国际学术研讨会（2000 年 6 月 1—4 日）的《数码时代的人文研究》、提交给浙江大学主办的"新经济条件下的生存环境与中国文化"国际学术研讨会（2002 年 5 月 19—22 日）的《大众传媒与现代学术》，以及提交给韩国延世大学主持的"人文学的功用与大学改革"国际学术会议（2006 年 5 月 26—28 日）的《大学三问》[2]，十五年间，我竟然多次搁置自己的文学研究本行，讨论起"人文学"或"人文学者"的困境及出路，难道真的是"实迷途其未远，觉今是而昨非"？每次论述，出发点及论述框架不太一样，但内在思路仍有一致性。这一回，关注的

---

[1] 参见拙文《当代中国人文学者的命运及其选择》，《东方》创刊号，1993
  年 10 月；《人文学的困境、魅力及出路》，《现代中国》第九辑，北京大
  学出版社，2007 年 7 月。

[2] 参见拙文《数码时代的人文研究》，《学术界》2000 年 5 期；《大众传媒
  与现代学术》，《社会科学论坛》2002 年 5 期；《大学三问》，中文本刊《书城》
  2003 年 7 期，韩文本见韩国延世大学刊 "The Utility of the Humanistic
  Studies & Reformation of Higher Education in the Era of Globalization"
  （2006）。

是大学体制内部的各种缝隙与潜流，探究当代中国"人文学"及其"从业人员"到底该如何因应时局变化，来达到"内外兼修"。谈论当下的中国大学（而不是"理想的大学"），以描述为主，略加评说，目的是"立此存照"。不谈"天命"，不谈"历史"，也不谈"大学精神"或"内在超越"，而是"直面惨淡的人生"。而且，抓住任何一点可能性，纵横捭阖，尽可能拓展人文学的生存空间。

一、日渐分裂的大学校园

近年，中国学界多有热衷于讨论"大学"问题者。可专家们在畅谈大学历史、大学精神以及大学理念时，大都喜欢一言以蔽之，将"大学"作为一个整体看待。这自然有其合理性。但同样不能忘记的是，今日中国的大学校园，因各自利益不同，已呈现四分五裂的状态——声称正冲击"世界一流"的研究型大学，与主要服务当地民生的一般大学之间，此消彼长，几成楚河汉界；因大学的行政化趋势日益明显而获益的管理层，与失去主导权的一般教授之间，利益并不一致，有时甚至是直接冲突；更重要的是，同样是大学教授，因所学专业不同，导致其学术趣味及政治立场迥异——后者甚至成了校园政治中最为诡秘的潜流。我说的，不是 19 世纪末 20 世纪初德国哲学家李凯尔特（H.Rickert）所论证的自然科学和文化科学两大集团"兴趣的对立"以及研究方法的歧异[1]，不是中国学者耳熟能详的爆发于 1923 年的"科学与玄学"论战，也不是今天常被提及的斯诺（C.P.Snow）的"两种文化"说[2]，而是大学校园里正硝烟弥漫的人文学与社会科学之争。

当今中国大学校园里的资源、利益及趣味之争，主要不是在传统的文学院与理学院之间进行，而是在过去同属"文科"的人文学与社会科学之间展开。"文史哲"与"数理化"之间，基本上互相看不懂，也没有直接的利害冲突；而同属于大文科的人文与社科，不说互相知根知底，好歹都知道一点，弄起别扭来，更是纠缠不清。更何况，一个是温文尔雅的"破落贵族"，一个是财大气粗的"社会新宠"，趣味互不相投，难免多有虚虚实实的意气之争。2003 年的春夏间，北京大学的人事制度改革，成了中国

---

[1] 参见亨里希·李凯尔特著、涂纪亮译：《李凯尔特的历史哲学》26—28 页，北京大学出版社，2007 年。

[2] 参见 C.P. 斯诺著、纪树立译：《两种文化》1—20 页，北京：三联书店，1994 年。

当代中国人文学之"内外兼修" | 281

学界激烈争辩的话题[1]。这一场雷声大雨点小的改革试验，不说"无疾而终"，起码也是"革命尚未成功，同志仍须努力"[2]。之所以出现这种尴尬的局面，有很多因素；其中最突出的是"文科学者"的分裂——社科学者的赞赏与人文学者的反抗，几乎到了壁垒分明的地步。在《读书》杂志组织的讨论会上，我再三强调"文科"这个概念的失误："这次北大改革方案，一开始没有人文学科的教授的参与，我觉得是很大的遗憾。同样是文科，人文科学与社会科学，思考问题的方式不一样，文化情怀与学术理念也有很大差异。"[3] 你只要读读论战中经济学家的高论与历史系教授的评说，就很容易明白，二者之间的差距远大于文学家与数学家之间的隔阂——即所谓"偏见"比"无知"离真理更远。

社会科学（尤其是经济学）在当代中国的"骄横跋扈"是有其合理性的。我曾经谈过，上世纪八九十年代中

---

[1] 相关论争，参见沈灏主编《燕园变法——谁能站上北大讲坛》，上海文化出版社，2003 年 9 月；博雅主编《北大激进变革》，华夏出版社，2003 年 9 月；钱理群、高远东编《中国大学的问题与改革》，天津人民出版社，2003 年 10 月；甘阳、李猛编《中国大学改革之道》，上海人民出版社，2004 年 1 月。

[2] 参见《北大教改回望 正戏还未上演》（李宗陶），《南方人物周刊》2006 年 8 月 10 日。

[3] 李强、陈平原等：《大学改革，路在何方》，《读书》2003 年 9 期。

国学术转型，与其说是"思想"与"学术"之争，不如说是社会科学的迅速崛起与人文学的相对没落。80年代盛极一时的"文化热"，基本上是人文学者在折腾；人文学有悠久的传统，其社会关怀与表达方式，比较容易得到认可。而进入90年代，一度被扼杀的社会科学，比如政治学、法学、社会学、经济学等，重新得到发展，而且发展的势头很猛。这些学科，直接面对社会现状，长袖善舞，发挥得很好，影响越来越大。"90年代以来中国学界风气的变化，比如转向具体问题，转向社会实践，转向制度性建设等，跟社会科学的崛起有关。"[1] 毫无疑问，社会科学在中国的"复活"，是值得庆幸的大好事。问题在于，与此相伴随的，是曾经"指点江山，激扬文字"的人文学者，如今显得相当"落魄"与"落寞"。

一百年前，欧文·白璧德（Irving Babbitt）在谈及"文学与大学"时，可以义愤填膺地批驳斯宾塞以"科学主义"来挤兑文学艺术的"谬论"，强调大学的指导精神不应该是科学式的，而应该是人文的、贵族的[2]。如今的人文学者，气势早已矮三分，不再具有进攻性，基本上都处于退却、

---

[1] 参见查建英：《80年代访谈录》140—143页，北京：三联书店，2006年。

[2] 欧文·白璧德著，张沛、张源译：《文学与美国的大学》61—77页，北京大学出版社，2004年。

防守的状态。除了个别"愤青"，社会上极少见到自然科学"不重要"或社会科学"没用"的论述，有的只是"人文学不被重视"的抱怨。过多"深宫怨妇"式的牢骚，恰好证实人文学确实已退居边缘；需要尽力争取的，只是如何获得较大的生存空间。

人文学者的这种"愤愤不平"，某种程度上，是因为有以往的"辉煌业绩"作为对照。北大中文系主任温儒敏曾撰文，称1983年他当班主任时，全班50个学生中，有9个是高考的省市"状元"，那时中文系可以吸引到最优秀的生源；而如今则是"风光不再"，近年北大中文系以第一志愿录取的比例只有50%左右[1]。与之形成鲜明对照的是，如今风华正茂的北大法学院，1977级所录取的新生（那时叫法律系），大都"怀才不遇"——有人原先报的是哲学，有人志在美学，有人想学的是考古，还有人希望转中文系而未果[2]。风水轮流转，今日中国，考生若被法学院录取，一般不会转投哲学系或考古系。其实，民国初年也是如此。那时的北京大学，"从法科转文科是一定可以准的。从文科转法科，那就非常的困难了"——可

[1] 温儒敏：《谈谈困扰现代文学研究的几个问题》，《文学评论》2007年2期。
[2] 参见《北大法律系："黄埔一期"那班人》（赵蕾），2007年6月7日《南方周末》。

这不妨碍冯友兰最后还是选择了北大哲学门[1]。换句话说，人各有志，还会有对于人文学痴心未改者，所谓某个学科"后继无人"，大概是危言耸听。但人文学的空间在缩小，这也是不争的事实。

北大尚且如此，其他大学可想而知。一般情况下，为便于招生，各大学都是"家丑不外扬"。听浙江大学历史系主任包伟民教授畅谈"历史学的困境"，让人心惊胆战。综合实力肯定在全国前十名的浙江大学，其历史系教授只有合并前杭州大学的三分之一，学生只有原来的四分之一；每年只招30名学生，中途有一半转系，能熬到毕业的只有寥寥十几位。难怪当事人回想起80年代的"文史热"，感觉恍若隔世[2]。

这当然不是北大或浙大单独面临的问题。大学校园里，"无用"的人文学不如"有用"的社会科学吃香，普天之下，莫不如此。要说此举有什么"中国特色"，那就是中国文

---

[1] 冯友兰：《北大怀旧记》，《国立北京大学五十周年纪念一览》，北京大学出版社，1948年。

[2] 参见《历史学的困境》（叶辉），2007年7月11日《中华读书报》。文章还提及历史学家与工科教授的不平等待遇："包伟民说，就工资而言，历史学教授与工科教授在学校工资单上的收入差距大约是1：4到1：5左右。更不要说他们大量的课题经费提成，几十万甚至上百万收入的都不乏其人。"

人曾经有过的"帝王师"梦想，如今正由社会科学家来实现。考虑到转型期中国各种错综复杂的社会矛盾，每回政府推出重大决策前，确实都曾征求专家们的意见（或请专家参与起草相关文件）。问题在于，被纳入"思想库"或"智囊团"的，大体上都是社会科学家。至于人文学者，除非你已成功转型，作为人大副委员长、政协副主席或各民主党派的首脑，会在适当的时机被"征求意见"；否则的话，已不可能参与重大决策。今日中国的人文学者，基本上放弃了"治国平天下"的历史重任，唯有事后发发牢骚或表态支持的份了。

人文学者之经世致用，还有一个遥远的记忆，那就是"经筵侍讲"。让廷臣入禁中为皇帝或太子讲解经义，论辩政事，此乃中国古代"君主教育"的重要形式。从汉代的日渐成形，到宋代的已成定制，再到清袭明制，以经筵日讲为帝王教育的主课，此举绵延起伏，几近两千年。一直到毛泽东时代，你还能偶尔看到"别梦依稀"的痕迹。如今，人文学者通过"经筵侍讲"来间接影响政府决策，或者获得社会资源，已几乎完全不可能。政体早已改变，君王不再存在；可领导者依然需要接受教育，于是，有了备受国内外关注的"中央集体学习制度"——在我看来，此乃"经筵侍讲"传统的延续与变形。

从 2002 年 12 月 26 日第 1 次开讲，到 2007 年 1 月 23 日第 38 次学习，4 年多时间里，差不多 40 天就有一课，足见中央对此事之重视。我关注的是讲题——重点是法律（五讲）、经济（四讲）、国防（四讲）以及党建（三讲），接下来是三农、就业、卫生、教育、民族等，基本上都属于社会科学。勉强可算作人文学的，是《15 世纪以来世界主要国家发展历史考察》和《我国民族关系史的几个问题》两讲 [1]。之所以说"勉强"，因其立意是"以史为鉴"，关注的依然是现实问题。

既远离商业资本，又淡出政府决策，无钱无势的人文学者，即便能说会道，时常在媒体上"呼风唤雨"，有很高的知名度，但在学院体制中，依然处边缘地位。表面上，没有任何一所大学的校长会说"人文学"不重要，但在实际操作中，全都心照不宣："人文建设属于长线投资，而且有风险。这就难怪大学校长纷纷表态'大力支持'，但往往难以真正落到实处。" [2] 面对这一严酷的事实，人文

---

[1] 参见《解密中央集体学习制度：先学法而后治国》（马世领），《小康》2007 年 3 期。

[2] 参见拙著《大学何为》177 页，北京大学出版社，2006 年。

学者到底该怎么办[1]？从最初的"呼天抢地"状态中逐渐平静下来，学会"与狼共舞"，或继续关注社会改革，成为公共知识分子；或进入大众传媒，以传播知识为己任；或固守书斋，一心追求学理与精神。"这三条路没有高低之分，只是在走之前，必须意识到各自存在的陷阱。"[2] 本文暂时搁置从政者的"转战四方"，或传媒人的"粉墨登场"，而选择坚守校园的人文学者，看他（她）们如何在远离聚光灯的位置，默默耕耘，奋力拼搏，寻求更大的发展空间。

必须说明的是，作为学科的"人文学"，与作为个体的"人文学者"，二者之间既有联系，更有区别。所谓的"危机"以及"崛起"，主要指向整体环境，而不是个人选择。单就个人而言，像章太炎之"幼慕独行"，或者像

---

[1] 吴国盛在《科学与人文》（《北大讲座》第一辑，北京大学出版社 2002 年）以及万俊人在《人文学及其"现代性"命运》（《东南学术》2003 年 5 期）中，都曾对"人文学"在当代中国的困境有精彩的论述，可参阅。吴、万二君更多在"科学与人文"对峙的状态中展开论述，与本文之突出人文与社科的分歧略有差异。

[2] 参见拙文《人文学的困境、魅力及出路》，《现代中国》第九辑，北京大学出版社，2007 年 7 月。

鲁迅那样"荷戟独彷徨"[1]，乃其壁立千仞、特立独行的表征；身处边缘，遭遇患难，对其思考的深入以及著述的专精，不但不构成威胁，有时还是一种助力。因此，学科的冷热，与具体从业人员的高低雅俗，没有直接的对应关系。谈论今日中国大学校园里的"分裂"局面，只是希望更清晰地凸显人文学目前所面临的困境，并描述其可能的发展路径——学会在边缘处探索、自省、呐喊、突围[2]。

二、大学扩招与"国学热"

对于近十年中国学术"功过得失"的评论，无论如何不该忽略一个重要的关节点，那就是1999年开始的"大学扩招"。此举并非单纯的"教育决策"，而是纠合着政治、

---

[1] 章太炎《訄书》初刻本有叙曰："幼慕独行，壮丁患难，吾行却曲，废不中权。逑鞠迫言，庶自完于皇汉。"见《章太炎全集》三卷6页，上海人民出版社，1984年。鲁迅《题〈彷徨〉》："寂寞新文苑，平安旧战场。两间余一卒，荷戟独彷徨。"见《鲁迅全集》7卷150页，北京：人民文学出版社，1981年。

[2] 针对人文学科日渐边缘化的现状，杜维明主张反过来思考："如果人文学能毫无冲突地融入一个社会的政治、经济大流之时，也就是人文学失去其独特的功用之日。"参见李若虹《人文学和高等教育》，载（台湾）《当代》第193期，2003年9月。作者题记称："这篇文章是基于杜维明教授这次谈话的内容整理、加工、编辑而成，成稿后杜教授百忙中审阅并予以首肯。"

经济、文化、学术等众多复杂因素，而且，不管你说好说坏，它已搅动一池春水，并将深刻影响当代中国的历史进程。

提供几个简单的数据，以便读者对此人类历史上从未有过的"壮举"有个大致的了解。1998年，中国招收大学新生108万；2007年，这一数字改写为567万；也就是说，十年之间翻了五番。1998年，印度在校大学生规模为中国的两倍，而今天则是反过来，中国高等教育的规模是印度的两倍。至于高校毛入学率，从十年前的不到10%，一下子跳到了今天的23%，实现了高等教育的大众化。最为直观的数字，莫过于每一年度在校生的人数。据《2005：中国教育发展报告——高等教育的发展、问题与对策》，1998—2004年间，中国高校在校生规模（含研究生、本科生及专科生）如吹气球般扩大：1998年643万人；1999年742万2千人；2000年939万9千人；2001年1214万4千人；2002年1512万6千人；2003年1900万人；2004年2000万人[1]。而据教育部发布的《2006年度教育统计报告》显示，2006年全国各类高等教育在校生总规模已经达到了2500万人。面对来自各方面的批评

---

[1] 参见王英杰等主编：《2005：中国教育发展报告——高等教育的发展、问题与对策》2页，北京师范大学出版社，2005年。

声音，教育部开始"调控"招生规模，在校学生增幅由2005 年的 17.1% 降至 2006 年的 11.3%，下降了将近六个百分点[1]。虽然"增幅"有所回落，但"扩招"仍在继续。教育部长称，"高校扩招是迟早要发生的事，只有这样才能满足当时社会的需要"；而据教育部规划，"2020 年中国高校的毛入学率将达到 40%"[2]。

如此迅猛的"大学扩招"，到底是祸是福，几乎从一开始，就是众说纷纭。上世纪 80 年代曾出任武汉大学校长，因推行学分制等一系列改革而被免职的教育家刘道玉，最近直言中国高等教育面临三大危机——质量危机、学风危机、财政危机，而这跟政府决策失误直接相关："近年来，我国经济发展速度大体控制在 10% 左右，可是大学扩招速度平均为 25%，最高的年份竟然达到 49%。发达国家大学大众化经历了半个世纪，而中国用八年时间就实现了大众化，这不是冒进和浮夸又是什么？"[3]

这是教育家的思路，经济学家则不这么看。当初任职

---

[1] 参见《我国高校扩招明显趋缓》（崔静、吕诺），2007 年 3 月 8 日《文汇报》。

[2] 参见《教育部长周济称高校教师问题与人事制度有关》（郭少峰），2007年 7 月 23 日《新京报》。

[3] 参见《刘道玉：我国高等教育的三大危机》（孙宏光），《同舟共进》2007 年 5 期。

于亚洲开发银行、建议政府扩大招生提高学费、"让老百姓把钱从银行里拿出来花"的汤敏，2006 年 2 月 6 日在"新浪网"发表了一篇题为《扩招扩错了吗？》的文章，为备受非议的"大学扩招"辩护，着重谈了"假如没有扩招""到底有多少贫困生上不了大学""解决贫困大学生上学难的可能出路""大学收一定的费用就是教育产业化吗？""中国的大学生太多了吗？""改革的完善还是完善的改革"等六个问题。针对这篇文章，郑作时在著名财经杂志《南风窗》发表《汤敏先生，扩招难道没有错吗？》，除了算经济账，郑文还提及："在扩招这股教育大跃进的风气指导下，高校中出现了急功近利、一夜赶英超美的倾向，求名、求利两股风气倍长。"[1]此文一出，汤敏马上回应，撰写《再谈扩招扩错了吗？》，特别提出"郑先生的态度"来加以讨论："因改革中出现了一些问题就否定整个改革的方向，这种态度不可取。"[2]汤先生的"大方向"说，和政府官员的辩解十分接近，恐怕很难被广泛接受。

　　无论攻守双方，都有个共识：那就是"大学扩招"的最初动因，是政府在亚洲金融风暴过后，亟需扩大内需，

[1]　郑作时：《汤敏先生，扩招难道没有错吗？》，《南风窗》2006 年 2 月（下）。

[2]　汤敏：《再谈扩招扩错了吗？》，《南风窗》2006 年 3 月（上）。

保持经济增长，因而采取的"应急措施"。而最近，前教育部学生司司长、现任中国农业大学党委书记瞿振元出面澄清："扩招其实不是部门行为，不是教育部决策的，是中央政治局常委会集体讨论决策的。"据瞿称，"党中央、教育部都不把大学扩招简单理解为解决经济驱动力"，关键问题在中国高等教育毛入学率太低，"这样一种规模跟社会和经济发展速度是不相适应的"[1]。从社会需求、国家发展等角度来论述扩大高等教育招生规模，一般来说，各方不会有争议；问题在于，扩招的数量和速度——十年翻五番，是否可行，到底留下多少后遗症。

争议最大的，除了扩招后大学生就业难（不扩招照样也有这个问题，这是中国人口结构造成的），整体教学质量下降（既然要求高等教育大众化，就不该以"精英大学"作为评价标准），还有就是如何看待遍地开花的"大学城"，以及大学校园之"日新月异"。毫无疑问，"大学扩招"作为一个巨大推力，带动了大学校园里的基本建设，随着国家下拨或高校自筹的大笔资金的投入，很多先前一直悬而未决的难题，如学生宿舍、运动场馆、图书资料以及科研

---

[1] 参见《教育部学生司前司长：高校扩招是中央决策》（樊克宁、陈晓鸿），2007 年 7 月 7 日《羊城晚报》。

设备等，均得到明显改善。

眼看着全国各地"大楼"（硬件）拔地而起，"大师"（软件）却难觅踪影，质疑之声不绝于耳。更要命的是，各高校勇猛贷款，终于形成巨大的"黑洞"，有些甚至资不抵债，濒临破产。这实在太富于戏剧性了，难怪媒体给予足够的关注。据中国社会科学院发布的《2006 年：中国社会形势分析与预测》显示，截至 2005 年，我国公办高校向银行贷款总额达 1500 亿至 2000 亿元；而专家却说，实际上远不止这个数字，保守的估计，全国高校债务大约为 4000 亿元[1]。大学需要经费，银行需要放贷，政府需要业绩，于是，三方合力，在"大学扩招"的旗帜下，共同完成了"扩招—贷款—再扩招"的恶性循环。

高校巨额债务，如今已成为制约中国大学进一步发展的瓶颈。像吉林大学那样，每年支付利息多达 1.5 亿至 1.7 亿元，学校入不敷出，举步维艰，乃至必须贴出布告，希望全校师生集思广益，共渡难关[2]，这当然是特例。但因前些年的"高歌猛进"，使得目前很多中国大学财务上面

---

[1] 参见《中国高校贷款规模逾 4000 亿破产隐患凸显》，2007 年 3 月 9 日《中国青年报》。

[2] 参见《吉大自曝"欠巨债"面向师生征良策》，2007 年 3 月 25 日《北京青年报》。

临巨大困难，根本无力自行解决，只能寄希望于国家或地方政府"施以援手"。各大学之所以大胆举债，共同思路是大学属于国家，国家不可能让"国立大学"破产。而举债的理由，更是冠冕堂皇：长期以来，国家的教育经费投入严重不足，喊了十多年的 4% 教育支出，始终没有落实 [1]；于是，各大学只好自己动手，用借贷的办法为国家花钱。考虑到中国的国情，这一轮由大学扩招以及与之相关联的"大学合并""大学城兴建"等造成的巨额学费，大概只能由政府来变相买单了。

如此昂贵的"学费"，不应白付，政府及学界都该认真反省。清算"高校贷款热"，不能将脏水全都泼在"教育产业化"身上。近年中国大学之所以"不计成本"地扩招，不全是钱的问题（如所谓"穷国办大教育"），更多出

---

[1] 根据世界银行 2001 年的统计，澳大利亚、加拿大、法国、日本、英国和美国等高收入国家公共教育支出占 GDP 的均值为 4.8%，而哥伦比亚、古巴、约旦、秘鲁等中低收入国家公共教育支出占 GDP 的均值为 5.6%。1993 年，中共中央、国务院颁布《中国教育改革和发展纲要》，明确提出："财政性教育经费占国民生产总值的比重，在本世纪末达到 4%。"可十余年来，这一目标不但没有实现，而且似乎变得越来越遥远。2001 年为 3.14%，2002 年达到 3.32%，2003 年下降为 3.28%，2004 年再下降为 2.79%，2005 年为 2.82%，2006 年退到 2.27%。这是历届政府的"软肋"，每年"两会"期间，均因此备受质疑。参见《政府送大礼 教育支出占 GDP4% 仍未实现》（何忠洲），2007 年 3 月 20 日《中国新闻周刊》。

于意识形态的考量（比如，政策上歧视民办大学，限制宗教团体办学，不允许公立学校转制等），这种"政府导向"的改革，只能说是一种"伪市场化"[1]。面对已是既成事实的中国大学之"急遽膨胀"，你可以喝彩，可以讥笑，也可以分析，可以质疑，当然更可以袖手旁观，但你没有办法阻挡——作为一种国家意志，此举还会延续下去，只是步调略有调整而已。

限于论题，这里希望讨论的是，此举到底给"人文学"及"人文学者"带来了什么？是机遇还是陷阱，是"车到山前疑无路"，还是"柳暗花明又一村"？

对于蕴含在"大学扩招"背后的"大跃进"思维，学界的严厉批判确有其道理；但有一点常被论者忽略，那就是，此举某种程度上改变了人文学的尴尬处境，为其带来了"转机"。最为明显的是，经过十年扩招，大批受过人文学基本训练的大学毕业生进入社会，给相关书籍、讲座、影视（若中央电视台第十套"科学·教育"频道）等，培

---

[1] 参见《南风窗》2007 年 2 月（下）之《高校"破产"？》专辑，包括《"异形"高校现形记》《"教育产业化"缘何背负恶名》《高校贷款热的冷思考》《借债办学没有错》《谁来叫停高校"大跃进"》等文。另外，2007 年 5 月 10 日《南方周末》所刊《"化解高校负债危机应采取真正市场化手段"——厦门大学教育研究院博士林莉访谈》（赵小剑），同样值得参考。

养了与日俱增的受众。而这，与所谓的"国学热"形成了某种奇妙的呼应。

前面提到浙江大学历史系的困境，那是指专业训练，即培育历史学研究者；至于提供一般的文史知识或人文修养，则完全是另外一番风景。先有电影电视中"历史剧"的格外走俏，如何看待《戏说乾隆》为代表的"戏说热"，历史学家与影视编剧各执一词，"历史叙事与文学想象的纠葛"，于是成了学界必须直面的严肃话题[1]；后是通俗史学形成热潮，众多出自非专家之手的"历史写作"成为读者及市场的宠儿，媒体上因而展开"历史票友"能否挑战"史学大家"的争辩[2]。也就是说，学院内外，"史学"冷热两重天。所谓"大学扩招"，绝非各科系齐头并进；受馆舍、师资以及考生趣味的限制，某些专业得到大发展，另一些专业则停滞乃至倒退，不能一概而论。凡大规模扩招的专业，或课程偏于实用，学生容易就业；或校方投入很少，见效又快。像外语系以及中文系，师资不难找，也不需要添置特殊的仪器设备，加上学生出路不错，很容易成为扩招的目标。外语教学技术性强，在改革开放的中国

---

[1] 参见拙文《历史叙事与文学想象的纠葛》，《文史知识》2005 年 5 期。

[2] 参见《"历史票友"中能产生史学大家吗？》（张弘），2007 年 7 月 25 日《新京报》。

大受欢迎，完全可以理解；至于中文系毕业生的优势，则是适应性广，几乎任何行业都用得上，一若职场上的"万金油"[1]。因为"容易"，所以"多上"，这么说，有点自嘲的意味；可这切合"扩招"的本意——降低门槛，拉开档次，让那些并非研究型的大学，更多地突出素质教育或技能培训。这一点，联系下面将涉及的"通识课程"，可以看得更清楚。

大学扩招，专家们大都主张"专业对口"。这一点，我不无疑虑。社会需求瞬息万变，大学根本无法有效控制；专业设置过于追随市场，很容易变成明日黄花。最具嘲讽意味的是，金融、管理等"热门专业"的毕业生，反而可能找不到工作；道理很简单，就因为太"热门"了，大家抢着上，于是"生产过剩"。对于那些不想继续深造，大学毕业就开始工作的人来说，四年时间，能获得人文、社会或自然科学方面的基本知识，加上很好的思维训练，这就够了。大部分的工作岗位，只要稍加培训，就能应付自如。因此，我一直呼吁扩大人文学科的招生。假如有一天，大学所读专业和自己日后从事的职业没有直接对应联系

---

[1] 查询过好多大学中文系，普遍反映其毕业生就业率很高，出乎一般人的想象。最近访问一所师范学院，1万5千学生中，中文系占了将近两千。

（现在已经有这种趋势，尽管不是自愿），我相信，很多人会同意我的看法：了解社会，了解人生，学点文学，学点历史，陶冶情操，养成人格，远比过早地进入职业培训要有趣、也有用得多[1]。

即便你学的是生物、化学、金融、管理，走上社会后，不管出于工作目的还是个人兴趣，你都可能亟需补充人文学方面的知识。虽说构建"学习型社会"的口号目前还没能真正落实，但周末听讲座（绝大部分免费，也偶有收费者）已成北京、上海等大城市里一道"亮丽的风景"。有图书馆组织的（以北京为例，国家图书馆、国家图书馆古籍馆、首都图书馆、中国现代文学馆等每周都有讲座），有书店组织的（以北京为例，三联韬奋图书中心、涵芬楼书店、第三极书局、三味书屋、单向街图书馆等经常举行超越"促销活动"的讲座），也有各省市宣传部为政府官员举行的（响应中共中央"创建学习型社会"的号召，带有职业培训性质[2]）。若是公开讲座，现场听众中，有一

---

[1] 参见拙文《我看"大学生就业难"》，《北京大学教育评论》2004 年 4 期及《新华文摘》2005 年 8 期。

[2] 2001 年 5 月，时任中共中央总书记的江泽民，在亚太经合组织高峰会议上提出，"构筑终身教育体系，创建学习型社会"，此后，各部委、各省市对此号召多有响应。

般市民，有退休教师，还有受过大学教育、出于个人兴趣前来"充电"的年轻人——后者越来越多，正呈直线上升趋势。这些讲座中，有生活型的，有科技型的，但主体是传授人文知识。举个例子，国家图书馆古籍馆（即位于文津街的"老北图"）2001年起每年举办近百场名人讲座，并选择其中的菁华，出版"演讲录"。综观由北京图书馆出版社刊行的五册《文津演讲录》，共收文59篇，其中人文学51篇，社会科学7篇，自然科学1篇——硕果仅存的这篇《可爱的地球》，仍属于科普读物，而非专业论述。这与编者的主旨——"所选讲稿，主讲人多为年近古稀的学界名流、文坛泰斗"——有关[1]，但更重要的，还是受制于听众/读者的趣味。

其实，这很好理解，业余时间听讲座，除了健康、美食，最容易吸引听众的，当然是文史之学。就以2007年七月中旬"网上大讲堂"的讲题为例：千龙网（7月17日）是"中国古代瑰宝唐三彩"（叶万松），新浪网（7月19日）是"为人处世与幸福之道"（周国平），搜狐网（7月16日）是"风投如何选择企业、企业如何选择风投"（徐峥），网

---

[1]　参见《〈文津演讲录〉前言》，载任继愈主编《文津演讲录》一至五卷，北京图书馆出版社，2002—2005年。

易网（7月18日）是"唐代诗歌与成就系列讲座·李白"（杜晓勤），Tom网（7月18日）是"香港喜剧电影与周星驰"（陈德森等），中华网（7月18日）是"健康生活：脱发的病因和治疗方法"（邹先彪），和讯网（7月17、18日）是"下半年债券市场投资策略"（谷纯悦）、"下半年黄金市场投资策略"（老财），西祠胡同（7月20日）是"阿凡提的故事"（陈东晓），猫扑网（7月17日）是"社会关注的'80后'婚姻"（肖慧明），奇虎网（7月16日）是"中医不是伪科学"。略加辨析，不难发现，即便在比较世俗的网上世界，"为人处世"与"投资策略"各有斩获，但"人文学"还是略占优势。

随着国民中大学生所占比例越来越高，作为职业的"人文学"相对萎缩，而作为修养的"人文学"，将有可能获得更为广阔的发展空间。这与先由政府主导、后有媒体接棒的"国学热"，形成某种奇异的"良性互动"。对于带有意识形态色彩的以"读经"为中心的"国学热"，很多学者不以为然；但对近几年以传播文史知识为主的"讲座热"，则多持肯定态度。尽管有些文化活动资本介入太深，做秀成分太重（最典型的是"红楼选秀"[1]）；有些电视讲座的娱乐化及商业化倾向过于明显，因而受到学界的猛烈批评[2]，但总的来说，近年中国社会上及媒体中的"书香气"还是略有回升。

与气势如虹、有国家战略做支撑、同时又成为一种文化产业的"国学热"不同[3]，以"讲座"为中心的文史知识传播，其受众更多立足于个人趣味。而且，与80年代的"文化热"主要由大学教授推动不同，这回的主要动力来自大众传媒。十年前，北京大学中国传统文化研究中心与中央电视台合作，制作了150集系列电视片《中华文明之光》，内容涉及哲学、宗教、文学、艺术、语言、文字、历史、考古、民俗、天文、地理、科技以及中外文化交流

---

[1] 参见《以红楼的名义》（刘彦），2007年6月26日《中国新闻周刊》；《"红楼梦中人"将成一场梦——"胡玫风波"导致选秀无法兑现承诺的危机》（俞亮鑫），2007年7月9日《新民晚报》。

[2] 参见张法：《从百家讲学到百家说书——央视〈百家讲坛〉现象的文化思考》，2007年5月31日《社会科学报》。

[3] 北京大学哲学系教授楼宇烈称："上个世纪初国学的涌现是从我们民族文化自身发展的需求出发的。……但是我们当前的'国学热'却有不同。'国学热'中的某些形式内容恰恰是考虑了功利性的。比如说使中国的管理更具有一些中国的色彩，于是国学便渗透在这样的需求里，因而势必使其带有功利色彩。这时的国学便是作为一项文化事业在运作。"参见《楼宇烈：当下的国学只是文化产业》（李健亚），2006年5月10日《新京报》。

等[1]，播出后，叫好而不叫座。与这种学院派趣味很浓的"文化普及"不同，如今的电视讲座（以"百家讲坛"为代表），都是以媒体为主，邀请大学教授以个人的名义加盟，接受其"专业培训"，且按照导演的意图"演出"。不再扛着"启蒙"的大旗，讲究商业运作，因而，此类讲座更多地迎合公众趣味，叫座但不叫好。

所谓的"国学热"，应该区分大众的欣赏趣味以及主事者的主观意图——政府有政府的设想（如何实践"中国特色的社会主义"），民间有民间的愿望（如何提高"民族自信心"），主办单位则很可能还有实际利益的盘算（如何在商品经济大潮中"生产自救"[2]），不宜一概而论。总的趋势是，"启蒙"或"爱国主义"等宏大叙事，日渐让位于个人利益的讲求。说白了，在这场带有明显表演色彩的"国学热"中，不管是"演员"还是"受众"，都显得"心有旁骛"；可也正是因为讲求个人趣味以及实际利益，使此风得以突破"运动式"的提倡，有可能长久地延续下去

---

[1] 参见《〈中华文明之光〉出版说明》，袁行霈主编《中华文明之光》，北京大学出版社，2004 年第二版。

[2] 开办各种面向董事长的"国学班"，是最新的生财之道。以北大为例，前些年哲学系已着先鞭，开办"乾元国学教室"；今年历史系急起直追，创办"北京大学中国国学大讲堂董事长高级研修班"。好在中文系还按兵不动。如此"生产自救"，可以理解，但似乎不宜提倡。

（最有趣的，莫过于冷门的"考古学"，借助于日渐升温的"收藏热"，居然也都成了热门话题）。我曾提及，在"仓廪实则知礼节，衣食足则知荣辱"（《管子·牧民》）的背后，还有一个不该被一笔抹杀的"附庸风雅"[1]；小民百姓半真半假对于"国学"（中国文化）的热爱或炫耀性消费，也应该获得尊重。另外，我赞赏那些坚持自家立场，对各种社会现实采取批判性思考的公共知识分子，但也不鄙薄那些走到聚光灯下，降低身段，以谋求个人利益的"明星学者"。理由是，正是由于他（她）们的不懈努力（不管是"学术说书"，还是"心灵鸡汤"），使得原本专深的文史知识或社科理论，开始走出学院围墙，为越来越多的平民百姓所接纳。对于已经"出走"校园的学者来说，为求合时、有用，不能不媚俗，也不能不"语不惊人死不休"——在"发行量"或"收视率"这根大棒的催逼下[2]，其"表演"

---

[1] 参见拙文《大学校园里的"文学"》第四节"何妨附庸一下'风雅'"，《渤海大学学报》2007 年 2 期。

[2] 与工科教授靠发明专利入股、经济学家成为大公司的独立董事不同，人文学者走出校园，最大的可能性是与大众传媒结盟。实际上也正是如此——从高蹈的救国宏论，到中端的形象设计，再到实际的房地产广告，纵览全国各地的报刊电视，到处可见大学教授的身影。

必定越来越商业化，这是无可奈何的宿命[1]。

在我看来，来势极为凶猛的"大学扩招"，留下了很多后遗症，比如，学界变得急功近利，论文颇多造假作伪，师道尊严全线溃败等；但有一个好处，那就是接受高等教育的人数倍增，民众对人文学的兴趣转浓。因此，单以教育及文化立论，80年代引人注目的是思想解放与文化热，90年代众说纷纭的是商业大潮与学术调整；至于新世纪，大学扩招与国学热之互为犄角，或许能给人文学者创造某种"绝地反攻"的机会。

三、素质教育与通识课程

与大学扩招相呼应，对于人文学来说，还有另外两个"利好消息"：一是教育部对于素质教育的提倡，二是各级政府对于科研项目的支持。二者都是政府主导，但又夹杂很多学界（民间）的声音，十几年间，不断发展壮大，以至当你讨论当代中国学术时，已不能完全绕开这些制度性

---

[1] 有一首在网上颇为流行的民谣，叫《这年头》，其中有这么一段："这年头，教授摇唇鼓舌，四处赚钱，越来越像商人；商人现身讲坛，著书立说，越来越像教授。医生见死不救，草菅人命，越来越像杀手；杀手出手麻利，不留后患，越来越像医生。"

设计——包括其具体运作（并非一帆风顺）与实际效果（很可能利弊参半）。

所谓"素质教育"，最初是个很笼统的提法，包括"思想道德素质""文化素质""业务素质"和"身体心理素质"等四个方面。如此无所不包的"素质教育"，实在难以展开并落实；好在主事者"明修栈道，暗度陈仓"，真正关注的是"文化素质"，直接针对中国大学重理轻文以及专业过于狭窄之"时弊"[1]。可与原国家教委副主任（后改为教育部副部长）周远清的以上说法相呼应的，是"素质教育"的积极推动者、原华中理工大学（后改名华中科技大学）校长杨叔子的深切感慨："过弱的文化陶冶，使学生人文素质不高；过窄的专业教育，使学生的学术视野不宽，学术基础不牢；过重的功利主义导向，使学生的全面素质培养与基础训练不够；过强的共性制约，使学生的个性发展不够。"[2] 有鉴于此，历来以工科见长的华中理工大学，1994 年春创办了系列"人文讲座"；第二年秋天，又组织

---

[1] 参见周远清 1995 年在第一次全国大学生文化素质教育试点院校工作会议上的讲话。此讲话后改为《中国大学人文启思录》的"代序"，题为《加强文化素质教育，提高高等教育质量》。见《中国大学人文启思录》第一卷，武汉：华中科技大学出版社，1996 年。

[2] 杨叔子：《永必重求真，今应更务善》，《中国大学人文启思录》第二卷 15 页，武汉：华中科技大学出版社，1998 年。

全校新生参加"中国语文水平测试",且规定"过了语文关,方可拿文凭"[1]。以此为契机,1995年9月,原国家教委在该校召开了"高等学校加强文化素质教育试点工作研讨会",来自北大、清华等49所院校的代表,达成了进一步加强"文化素质教育"的共识。会后,各大学"八仙过海,各显神通"。到了1998年,试点结束;总结经验后,在全国所有大学推开。教育部更为此发布专门文件,明确规定:"我们所进行的加强文化素质教育工作,重点指人文素质教育。主要是通过对大学生加强文学、历史、哲学、艺术等人文社会科学方面的教育,同时对文科学生加强自然科学方面的教育,以提高全体大学生的文化品位、审美情趣、人文修养和科学素质。"此后,很多理工科大学的"人文讲座",开始向"选修课"过渡;而综合大学则努力提升选修课的数量与质量[2]。至此,"素质教育"与"通识教育"之间的异同或者交叉,开始浮出海面,并引起学界的关注。

----

[1] 1995年9月18日《人民日报》发表《人文精神与现代科技对话——记华中理工大学的人文教育》,称华中理工大学的人文讲座如何受到学生们的热烈欢迎,以致"逐步建构起了讲座、交流、读书三位一体的'人文工程'"。

[2] 参见教育部1998年2号文件《关于加强大学生文化素质教育的若干意见》,以及周远清《在更高水平上推进文化素质教育》,《中国大学人文启思录》第六卷V页,武汉:华中科技大学出版社,2003年。

作为观察者，你很可能将大陆的"素质教育"与美国的"Liberal Arts Education"、香港的"博雅教育"、台湾的"通识教育"直接等同起来，理由是，所有这些，"虽出自不同的教育理念和实际需求，但是各方都一致认为，在传授专业知识的同时，高校应该注重通识教育，提供人文训练，培养人文素质"[1]。此说可以找到一些有力的佐证，比如，原清华大学副校长（现任校长）顾秉林在强调"人文素质与科学素养密不可分"时，特别表彰美国各著名大学如何"重视通识教育"，并希望国内大学以此为榜样[2]。以北京大学校长许智宏为编委会主任、中文系主任温儒敏为执行主编的《名家通识讲座书系》（即"十五讲"丛书），同样将"素质教育"与"通识课程"直接挂钩：因"素质教育正在成为当今大学教育和社会公民教育的趋势"，各学校纷纷开设"通识课"，可又苦于缺乏通盘考虑，课程不够正规，课量严重不足等，北京大学出版社方才推出这套"采用学术讲座的风格""将学问深入浅出地传达出来"

---

[1]　参见李若虹《人文学和高等教育》，载（台湾）《当代》第 193 期，2003 年 9 月。

[2]　参见顾秉林《人文教育与一流大学的人才培养》，《清华大学学报》2001 年 2 期。顾文对于美国各著名大学中通识课学分所占比重之大感到惊讶：哈佛大学 38%，麻省理工学院 25%，耶鲁大学 44%，斯坦福大学 33%，普林斯顿大学（理工学院）22%。

的书系[1]。至于东南大学将历年"人文大讲座"的讲稿结集成书，总题干脆就叫作"人文通识讲演录"[2]。

也有对此说持异议者，如原国家教委高等教育研究中心主任王冀生便主张，"素质教育与通识教育既有深刻联系又有质的区别"。说联系，那是指二者都强调教育的目的是"为了培养、造就全面发展的人"；说区别，则是因为："素质教育作为一种价值追求、一种教学观，是以全面提高人的综合素质为宗旨的，它必须贯穿于人才培养，即教学活动的全过程，包括通识教育和专业教育两个部分。"我赞同王先生对于"素质教育"与"通识教育"的分辨，但不认同其结论——"素质教育是西方的通识教育在我国当代的继承和发展"[3]。相反，正因为"素质教育"的提法过于笼统（包括中小学的教学宗旨、大学的课程设计以及终生教育目标等），不具备可操作性，因此，在具体实践中，才逐渐转变为对于美国大学通识教育的借鉴。或者说，这十多年来中国大学"素质教育"的摸索，正呈现越来越向

[1] 参见温儒敏：《〈名家通识讲座书系〉总序》，《语文课改与文学教育》66—68 页，南京：江苏教育出版社，2007 年。

[2] 陆挺等编：《人文通识讲演录》（八册），北京：文化艺术出版社，2007 年 6 月。

[3] 王冀生：《通识为本，专识为末》，《教育发展研究》2002 年 3 期。

"通识教育"靠拢的趋势。

这与此举在正式推行前，并没有经过充分的社会酝酿与专家论证，更多的是教育部官员以及大学校长们的"果敢决策"有关。跟当代中国许多改革措施一样，此类"摸着石头过河"的决策卓有成效，但必须不断地自我调整。有学者认定，"在倡导通识教育的过程当中，我国着重利用了文化知识精英资源的广泛影响力"。我同意教育部之提倡"素质教育"，是"有针对性地克服 1950 年代后中国高等教育过分专业化的传统与局限"之说；但不认为过去十几年间波澜壮阔的"通识教育"的理念构建与制度建设，是一个"政府与文化精英主导的共识诉求过程"[1]。恰好相反，正因为知识精英群体没能尽早介入，制造舆论，并从事必要的理论建构[2]，当教育部主动出击时，显得既仓促又粗糙。这一点，比照此前香港、台湾的大学建立通识课程的过程，可以看得很清楚。读金耀基 1980 年所撰《从"两个文化"谈到通识教育》，人家的目标很明确，那

---

[1] 参见李曼丽：《中国大学通识教育理念及制度的构建反思：1995—2005》，《北京大学教育评论》2006 年 3 期。另外，关于"通识教育"的内涵、渊源与发展、理念与实践等，李曼丽在其专著《通识教育—— 一种大学教育观》（清华大学出版社，1999）中有详尽的论述，可参阅。

[2] 上述李曼丽文章中，提及 1995 年前中国学界关于通识教育的若干文献；但相对于如此重大改革，这寥寥数文，实在少得可怜。

就是追摹原芝加哥大学校长赫钦斯（R.M. Hutchins）的通识教育理念，借鉴哈佛大学文理学院院长罗索夫斯基（H. Rosovsky）主持的"核心课程报告"[1]。所谓"香港中文大学自创校以来，即承认通识教育的价值，并且特别把通识教育的责任赋予各个学院"，金先生的以上说法，为 1987 年刊于《高等教育研究》上的《香港中文大学的通识教育及启示》所证实[2]。至于台湾的高等院校如何自 1984 年 9 月起，全面推动通识教育，"从点滴蔚为潮流"，黄俊杰的《全球化时代的大学通识教育》以及郭为藩的《转变中的大学：传统、议题与前景》二书，也都有专门的介绍[3]。反观大陆学界，虽然也译介了赫钦斯和罗索夫斯基的著作，可那个关键字眼——即与"专才教育"（professional education）相对的"通识教育"（general education）[4]，尚

---

[1] 金耀基：《从"两个文化"谈到通识教育》，《大学之理想》52—61 页，北京：三联书店，2001 年。

[2] 参见金耀基《从"两个文化"谈到通识教育》及陈卫平、刘梅龄《香港中文大学的通识教育及启示》，《高等教育研究》，1987 年。

[3] 参见黄俊杰：《全球化时代的大学通识教育》44—55 页，北京大学出版社，2006 年；郭为藩：《转变中的大学：传统、议题与前景》109—110 页，北京大学出版社，2006 年。

[4] 另一对概念是博雅教育（liberal education）与职业教育（vocational education）。

未真正定型，或译为"通才教育"，或称作"普通教育"[1]；至于与此相关的"名著阅读"以及"核心课程"等，更没有引起足够的重视。

并非接着"西方的通识教育"往前走，中国人另起炉灶搞起来的"素质教育"，其实是走了若干弯路的。正因为学界没有未雨绸缪，做好必要的舆论准备，教育部主导的"素质教育"，即便有心学美国，也都必须"犹抱琵琶半遮面"；更何况，当事者很可能真的没有如此视野。"素质教育"的起步阶段，未能从历史悠远的"美国通识教育的演进"中吸取经验教训[2]，实在有点可惜。

也正因为"第一推动力"来自政府主管部门，在论证"素质教育"的合理性以及具体的展开方案时，始终小心翼翼地护着那根"红线"，不敢有丝毫懈怠——那就是，"文化素质课"的开设，不能冲撞作为意识形态象征的"政治课"。大学的课程设置，牵一发而动全身。总学时不能随意更改，

---

[1] 参见亨利·罗索夫斯基著，谢宗仙等译：《美国校园文化》第六章"通才教育的标准"，85—97页，济南：山东人民出版社，1996年；罗伯特·M·赫钦斯著，汪利兵译：《美国高等教育》第三章"普通教育"，35—51页，杭州：浙江教育出版社，2001年。

[2] 关于美国大学的通识教育传统与演进轨迹，参见黄坤锦：《美国大学的通识教育》第一章"大学的发展与通识教育的演进"，3—29页，北京大学出版社，2006年。

"彼长"便意味着"此消";所谓"加强素质教育",必然挤压原先的专业课与政治课。原北京大学常务副校长王义遒主张"人文精神不是生硬地加到专业课中去,而是与专业内容融合在一起,浸润在专业知识中",希望通过"在专业课程教学中渗透人文精神",来化解素质课与专业课之间难以避免的对立与紧张[1]。如何协调"专业课"与"通识课"(素质课),是世界各国大学面临的共同问题;中国大学的特色在于,怎么看待并妥善处理"通识课"(素质课)与"政治课"的关系。

将"政治课"与"通识课"混为一谈,或者坚信"中国大学现有的思想政治教育课程与通识教育课程并无矛盾"[2],如果不是过于天真,就是对于中国国情太不了解。在第一次全国文化素质教育试点院校工作会议上,原国家教委副主任周远清便强调:"我们的文化素质教育搞好了,会有利于学生学好政治课,二者相辅相成,这样就拓宽了德育教育的视野";而清华大学党委副书记胡显章也专门撰文,论述人文素质教育与思想政治教育二者是一致的,

---

[1] 王义遒:《在专业课程教学中渗透人文精神》,《中国大学人文启思录》第三卷109—114页,武汉:华中科技大学出版社,1999年。

[2] 参见李曼丽《通识教育——一种大学教育观》233—236页、李曼丽《中国大学通识教育理念及制度的构建反思:1995—2005》。

互相依存，互相补充，甚至建议"在我们的人文教育前冠以社会主义的定语"[1]。几乎从一开始，主事者就着意自我回护，怕因"冲击政治课"而受到严厉指责。因为，中国大学里的马克思主义理论教育和思想道德教育（简称"两课"），是由教育部和中宣部联合颁发文件，确定基本内容和教学时数的，各大学不得擅自更动。以文科大学生为例，其必修课程及课时（括号内标示）为：马克思主义哲学原理（54）、马克思主义政治经济学原理（36）、毛泽东思想概论（54）、邓小平理论概论（70）、当代世界经济与政治（36）；思想道德修养（51）、法律基础（34），合计共必修"两课"335个课时[2]。为了通识课程，缩减若干专业课，有时还好商量；至于"两课"却是不可动摇的，即便学生不愿听，也不能挪作他用——这就是中国大学提倡"通识教育"者所必须面对的现实。

即使在通识教育开展较早的香港、台湾，此项工作也是一波三折：理念大都认同，实践起来却很不容易。原台

---

[1] 周远清：《加强文化素质教育，提高高等教育质量》，《中国大学人文启思录》第一卷3页，武汉：华中科技大学出版社，1996年；胡显章：《提高认识，转变观念，努力加强大学生的人文素质教育》，《中国大学人文启思录》第二卷30页，武汉：华中科技大学出版社，1998年。

[2] 参见王英杰等主编《2005：中国教育发展报告——高等教育的发展、问题与对策》66—67页。

湾清华大学校长沈君山在《国立清华大学通识教育的展望》中称："通识教育最重要的是实践，不能只是理论。在台湾，实践通识教育远比讨论通识教育困难。这些实践的困难包括：（1）没有人愿意去管；（2）没有教授愿意去教；（3）没有学生肯花精神去听。"[1]这里所说的"三无"困境，相信所有听说过或从事过通识教育的人，都会有类似感触。曾主政香港中文大学的金耀基认为，改变此类将通识课程作为"开胃食品""营养学分"的状态，凸显其"受尊重性"，关键在于，大学里必须请出"享誉崇隆的教授"来主讲[2]。可各大学里名教授毕竟有限，要求他（她）们什么都做，既带好研究生，又讲好主干基础课，还要拿出重大科研成果，最后，还得尽量多上通识课，实在有点为难。靠名教授的"人气"，撑起"通识课程"一片天，似乎不太现实。

经过十几年的努力，奋起直追的中国大学里，作为通识课程的"通选课"，其范围及数量迅速扩张，这无疑值得庆贺。但与此同时，也蕴藏着一个巨大的危机，那就是，

---

[1] 沈君山：《国立清华大学通识教育的展望》，转引自金耀基《大学之理念》150页。

[2] 金耀基：《通识教育与大学教育之定性与定位》，《大学之理念》143—155页。

将通识课程视为大学校园里无伤大雅且又不无小补的"点缀"——课程的涉及面极广，但多泛泛之谈（如"京剧与中国文化""民乐欣赏""中国画艺术""太极文化的理论与实践""外事礼宾礼仪"等），强调的是趣味性，"颇有日趋逸乐化之倾向"[1]。如何使素质教育或通识课程从"甜点"转变成值得认真经营的"正餐"，是个难题。台湾通识教育学会名誉理事长黄俊杰主张通过"讲座课程的推动"以及"原典的研读"，来"深化通识教育"[2]；现在香港大学工作、近年热心推介通识教育的甘阳则提醒我们，美国通识教育最值得我们借鉴的是"普遍采取深度经典阅读的方式"，以及"讨论课严格要求小班制"[3]。过多地讲授"概论"与"通史"，缺少经典阅读与小班讨论，导致大学生"不读书而好求甚解"，这是整个中国大学教育的问题，不仅仅属于通识课程。此类弊病，随着教育观念的转变以及

---

[1] 参见王英杰等主编《2005：中国教育发展报告——高等教育的发展、问题与对策》56页；黄俊杰《全球化时代的大学通识教育》46页。

[2] 参见黄俊杰《全球化时代的大学通识教育》46页、65—68页。

[3] 甘阳：《大学之道与文明自觉》，胡显章等编《大学理念与人文精神》249页，北京：清华大学出版社，2006年。

大学校园建设的展开[1]，正逐步得到改善。

办好通识课程，比教学方式更难解决的是学生的来路与出口。美国的中学教育兼及人文、社会、自然，学生进入大学后，对学习通识课程一般没有什么抵触情绪；而中国的中学教育实行文理分科，过分早熟的"专业化思想"，使得走进校园的大学生，很难对"无关学业"的"通识教育"产生强烈的认同。更重要的是，中国现有的教育体制，鼓励发展实用性质的法商学院，而没有给倾向于"素质教育"的"文理学院"保留足够的发展空间。

最近十几年，中国高等教育忙于从专科"学院"向综合"大学"转变，最初的本意，是想扭转1952年院系调整的后遗症，即师法苏联，注重实用，将大学办成"工程师的摇篮"。对此，我是持欢迎态度的，只是感叹不该一

---

[1] 开设小班讨论课，不仅牵涉教育观念，还有教室等实际问题。在《"学术文"的研习与追慕——"现代中国学术"开场白》（《云梦学刊》2007年1期）中，我曾提及："在北大，由于实行比较彻底的学分制，学生可以自由选课，加上好多慕名而来的其他大学的教师及研究生，著名教授为研究生开设的专题课，往往变成了系列演讲。对此，我深感不安。……想改变这个状态，很难。不说别的，教室就设计成这个样子，椅子是固定的，你只能站在凸起的讲台上演讲，无法坐下来跟学生一起讨论。我不止一次说过，北大要想成为一流大学，先从一件小事做起，那就是彻底改变后勤部门决定教学方式的陈规。呼吁了好些年，最近才得到校方的允诺，在新建的教学楼里，预留众多可以上Seminar的小教室。"

哄而上^[1]。而后兴起的波澜壮阔的"大学合并",将此"改制"推向了一个新高潮——不再满足于"学院"改"大学",而是将好几所性质不同的大学合并成"航空母舰",以便"争创世界一流"^[2]。这一最近方才逐渐平息的"风潮",不但没有落实由"实用教育"向"通才教育"的转变,相反,工科及社会科学在大学中的强势地位,得到了进一步的凸显。这跟美国大学从不轻易放弃通过"人文学"来发展通才教育,形成了鲜明的对照。

美国的大学之所以重视对学生进行人文学科方面的训练,那是因为其制度设计:"本科大学生是没有资格专修企业管理、法律、医学和建筑等职业倾向和专业性极强的学科的。学生必须先打好全面的知识基础以后才能进入研究生院攻读这类专业。"^[3]正是有感于此,甘阳主张"法商

---

[1] 十几年前,在答日本《文》杂志问时,我称那时刚刚兴起的单科性质的"学院"向综合性质的"大学"转向,是对于1952年院系调整的反拨——"体现了中国教育路线的改变:由师法苏联转向借鉴欧美";"在单科制的学院里,文理渗透以及科际整合无法展开,难以适应现代学术发展的需要"。《中国教育之我见》一文日文本见《文》1994年夏季号,中文本见《学者的人间情怀》146—151页,珠海出版社,1995年。

[2] 1998年,原浙江大学与杭州大学、浙江农业大学、浙江医科大学合并,成为当时办学规模最大、学科覆盖面最广的高层次综合性大学。浙大此举,开启了大学合并的风潮。

[3] 参见李若虹《人文学和高等教育》。

学院应该成为后本科教育"。因为，这是中美两国高等教育设计的巨大差异，也是"通识教育"能否在中国顺利推展的关键所在 [1]。我承认甘阳的建议是"治本"，但此举实现的可能性很小。因为，中国大学的本科教育，最近十年扩张得最厉害的，正是商学院与法学院。要求占强势地位的商学院与法学院拱手让出本科教育的权力，在我看来，近乎与虎谋皮。除非政府主管部门深谋远虑，痛下决心，一举扭转晚清以降中国大学过于讲求"实用"的倾向 [2]，否则，只靠大学内部的自我反省，最多也只能是增加若干"通识课程"，而无法真正达成"素质教育"的目标。

即便如此，"素质教育"的提倡，以及"通识课程"的逐渐落实，还是为人文学预留了巨大的发展空间。此举实际上兼及"社会思潮""学院政治"以及"经济利益"，可雅也可俗，不能等闲视之。表面上，在高等教育中"淡化专业""突出修养"，追求人的全面发展，应该是文科理

---

[1]　参见甘阳《通识教育在中国大学是否可能》，2006 年 9 月 17 日《文汇报》。

[2]　中国古代教育强调的是"博雅"，比较接近今天所提倡的"通识教育"。但晚清以降，国势衰微，以救亡图存为要务，亟需专业人才；以往的博雅教育，因"不切实用"而备受责难。此后开启的"新教育"，虽有蔡元培、梅贻琦等之提倡"学理"与"通才"，但总的发展趋向是，越来越讲求实用。先有船坚炮利的刺激，后有战争烽火的催逼；扭转了 1952 年院系调整的后遗症，又迎来了"与市场接轨"的新需求。

科"利益均沾";但在实际操作中,所谓"素质教育"或"通识课程",都是以加强"人文学"为核心。主持哈佛大学通识教育课程的文理学院院长罗索夫斯基在《美国校园文化》中,列专章介绍哈佛大学的六类"核心课程"——文学艺术、科学、历史研究、社会分析、外国文化、道德理性[1]。单看课程名称,就能明白人文学所占据的重要位置。而在谈论通识教育宗旨时,罗索夫斯基强调"阅读经典"的重要性——自然科学变化最快,社会科学次之,最有可能被长久阅读品味的,往往是人文学:"具有永恒价值的经典著作几乎仅仅限于今天我们所说的人文学科了。《圣经》、莎士比亚、柏拉图、孔子以及托尔斯泰还是像当时写作时一样地具有现实意义。人类道德取向的基本问题——如公正、忠诚、个人责任等等——仍然没有变化,而在这些问题上的当代思想的质量还不能轻易地表现出它们比古代更加优越。"[2] 换句话说,所谓"通识教育",所

---

[1] 参见亨利·罗索夫斯基著,谢宗仙等译《美国校园文化》第七章"基础课程概述",98—112 页;黄坤锦《美国大学的通识教育》第一章十节"哈佛核心课程的影响与通识教育的改革",以及作为全书附录的"罗索夫斯基论通识教育核心课程",24—27 页、249—272 页,北京大学出版社,2006 年。

[2] 亨利·罗索夫斯基著,谢宗仙等译:《美国校园文化》88 页。

谓"参加进有教养的人们行列中去"[1]，都意味着以"人文学"为知识传授的重心。实际上，近年中国各大学的"素质教育"或"通识课程"，也都主要是围绕人文学来展开；至于相关图书，如北大出版社的《名家通识讲座书系》（已刊 50 种）、新世界出版社的《在北大听讲座》（已刊 16 辑）、华中科技大学出版社的《中国大学人文启思录》（已刊 6 卷），以及刚刚推出的由东南大学"人文大讲座"结集而成的《人文通识讲演录》（文化艺术出版社，共 8 册），更是无一例外地"弱化科学"而"凸显人文"。

四、学术工程与评审文化

对于大学的存在与发展，至关重要的，一是教学水准，二是科研业绩。与此相对应，便是今日中国大学正热火朝天开展的"素质教育"与"学术工程"（建设以及评审）。二者一主广博，一求专精，表面上风马牛不相及，却构成了大学发展的"两翼"，或者说"生命线"，值得格外关注。

与"素质教育"之多说少做，潜力丰厚，但效果不太

---

[1] "在每一次毕业典礼上，哈佛大学校长都要欢迎新毕业生'参加进有教养的人们行列中去'。"见亨利·罗索夫斯基著、谢宗仙等译《美国校园文化》90 页。

理想；相反，"学术工程"（建设以及评审）得到校内外有关各方的鼎力支持，几乎所有的"承诺"全都落到了实处。因为，此乃大学排名或职称晋升中"最为过硬"的指标，教授及校方无不奋勇当先，全力以赴。不讨论大学里"教学与科研"何者优先，二者又该如何协调发展；这里希望探究的是，近年中国政府及各高校联手推动的"学术工程"，如何影响到整个学界的风气，以及制约着人文学的进一步发展。

十五年前，我曾撰文，谈及北大教师薪水在北京市职工收入平均线以下，大约只有出租车司机的八分之一[1]。这种"脑体倒挂"现象，现在已彻底改变。基本上不必为生存而烦恼的大学教授，本该一心治学才是，可这时又冒出了新的"歧路"。不是说欲望已被调动，教授们对于金钱的渴求永无止境；而是因近年中国政府之"奖励学术"，衍生出无数"鱼与熊掌不可兼得"的难题。报项目，做课题，发文章，填表格，参与各种各样的"评比"与"打擂"，于是成了大学教授们的日常功课；熙熙攘攘，热热闹闹，再也没有时间坐下来，安安静静地读书，认认真真地思考

---

[1] 参见拙文《当代中国人文学者的命运及其选择》，《东方》创刊号，1993年10月。

问题了。别的学科我不懂，对于人文学者来说，这绝对是个"致命的诱惑"。

大学教授薪水不高，但各种明暗补贴不少（包括岗位津贴、劳务费以及科研经费提成等），甚至可能大大超过其基本工资。而后者不是"自然而然"就能得到的，必须努力"争取表现"。所谓的"表现"，主要不是讲课（讲课效果如何，很难评定），而是发文章。与老一辈学者的沉潜把玩、述而不作截然相反，当今的中国学者，大都是"读书少"而"著述多"。之所以如此重数量而轻质量，那是因为，领导希望有所作为，且普遍坚信"管理出效益"。各级行政主管部门（从教育部到大学到院系领导），为了体现自己的存在价值，也为了"公平"起见，亟需通过计算成果，奖勤罚懒[1]，来提高生产效率。这一"学术游戏"，虽备受诟病，但因便于管理，且总有获益者；一旦启动，便很难自动停止。明知如此处置不太合适，背离了独创性原则，但主事者也自有其苦衷：凭数字定英雄，是没有办

---

[1] 有钱的学校注重"奖"，没钱的学校强调"罚"；但就效果而言，"奖"比"罚"好，更能调动教师们的积极性。不少学校明文规定，每在《中国社会科学》发表一篇论文，奖励人民币一万元；在《文学评论》《历史研究》等发表一篇论文，奖励五千元。同是学术刊物，按主办单位的级别，分为三六九等，这也是中国特色。

法的办法，谁让你生活在一个权威缺失的时代。

这样一来，出现几个有趣的现象。第一，在中国，凡在学校教书的，无不努力撰写并争取发表"学术论文"。我曾提及"学界同样存在生态平衡的问题"，不同类型的学校，应该有不同的考核标准；连幼儿园阿姨都在写论文，绝非好现象[1]。第二，正因为谁都在写论文，而且"多多益善"，出现了不少令人瞠目结舌的高产户。今年3月，中国社会科学院宣布解除地产"名嘴"易宪容金融研究所金融发展与金融制度研究室主任一职，理由是"他发表的言论十分不科学不严谨"；想想也是，一年发表600多篇论文，怎么有可能科学严谨呢？[2] 第三，"全民搞学术"的结果，很可能是吃力不讨好。据教育部统计，单是2003年，全国高校教师共发表人文学方面的论文19万篇、著作9000部；但在国际上被引用的次数，却很不成

---

[1] 参见拙文《谁来监督中国学界》，2002年1月24日《南方周末》。

[2] 中国社会科学院金融研究所所长解释为何撤易宪容的职："一般的研究员，一年只发表二三十篇论文，而易宪容写600多篇论文，大部分都是涉及房地产的。房地产专业的研究非常复杂，不能随便发表看法去误导大众。"参见《易宪容考评不合格辞职》（梁文汇），2007年3月23日《东方早报》。

比例[1]。第四，跟"垃圾论文"相映成趣的，是各种替人花钱消灾的"学术中介"之繁荣[2]。问题在于，确实存在着不少审查很不严格、只要交费就能发表、专门用来对付职称评审的"学术刊物"，这就难怪有人热心经营此等"学术生意"[3]。第五，因强制研究生在学期间发表一定数量的论文（各大学规定不一，有仅限于博士生，也有含硕士生者），否则即便论文答辩通过，也不发给学位证书，导致学生们不得已"托人"或"交钱"发文章。第六，因有关部门规定，所谓"论文"，必须在三千字以上；而刊物又是按页收费，目前中国学术期刊的一大奇观，便是出现了大批不好不坏的"双面"（two pages）论文。

---

[1] "统计数字显示，从 1993 年到 2003 年十年间，按照国际人文科学索引，被引用最多的前 20 篇文章中，没有一篇是中国学者的；在被引用最多的 100 篇中，有两篇是中国学者的；前 1000 篇中，有四篇是中国学者的。"参见杨玉圣《让学术回归学术》，2006 年 2 月 28 日《民主与法制》。

[2] 选择两则广告，看此行业的"火爆"程度："职称论文发表网"的服务承诺是："与多家国内知名核心和优秀期刊保持紧密联系，确保你的成果在核心、优秀期刊发表，为社会承认，解决您文章刊发难、时间长的后顾之忧。"至于"论文投稿发表网"则告诫你千万别图省钱，因为，价高者刊物必好，"这和买皮鞋的道理是一样的，牛皮制作的皮鞋和皮革制作的皮鞋价格是不一样的"。

[3] 在批评收费期刊、论文枪手以及购买论文和版面者的同时，是否还得追究那些"制造论文畸形需求"的权力部门的责任？参见《谁制造了对论文的畸形需求》（刘县书），2007 年 7 月 12 日《中国青年报》。

体现大学的学术质量与社会名望，进而影响各种"排行榜"的，除了两院院士（5.0,括号中的数字表示指标权重，下同）、长江学者特聘教授（4.0）、国家重点学科（4.6）、重点实验室（4.2）、国家人文社科重点研究基地（4.2），再就是科研经费（6.0）和学术成果——理科重 SCI（8.1）和 EI（5.5），文科则是 SSCI（6.2）和 CSSCI（2.2）[1]。大概是基于理工科的思维及趣味，评估体系中，只有期刊论文而没有学术专著的位置——人文学者大概都会对此"深表遗憾"[2]。其实，比起文章数目来，各大学更关注的是科研项目，因其既是金钱，也是名誉。而且，只要有了"国家课题"，不愁不能在"核心期刊"上发文章。

对于人文学者来说，影响最大的学术基金，一是"国家社会科学基金"，一是"教育部重大科学研究项目"。此外，由教育部主管的，还有"博士学科点专项科研基

---

[1] 此乃"网大"最新修正的"指标体系"，见网大《2007 中国大学排行榜》14 页，深圳：网大教育研究中心，2007 年。"网大"的中国大学排行榜，被认为是"到目前为止，商业型大学排名中最为全面、也比较科学的大学评估指标体系"，参见王英杰等主编《2005：中国教育发展报告——高等教育的发展、问题与对策》127 页。

[2] 台湾中央研究院历史语言研究所所长王汎森也在《学人寄语》（《中国文化》24 期，2007 年 5 月）中断言："人文学科不适用 SSCI 的指针"；"在人文领域，专书是一个非常重要的表现方式，切勿因为过度重视论文而忽略了专书的重要性。"。

金""留学回国科研启动基金""霍英东教育基金""新世纪优秀人才支持计划""创新团队发展计划"等。至于各省市、各大学，也都有专门支持人文学者从事研究的"基金"或"计划"。若申请到了国家级科研基金，各大学一般都还有配套经费。人文学者获得资助的数目与金额，当然不能跟理工科或社会科学相比（因工作性质不同，需要花钱的地方也迥异），但已经大幅度提升，今非昔比了。资助的经费远比过去多，申请起来也不是特别困难，只是并非每个学者都有志于此。

作为学者，你可能强调"学术性"；至于出资人，则对"政治正确"有更多的考量。像"新时期的文学创作与社会主义核心价值体系""中国文学与和谐社会建设""以人为本与文学精神""文学艺术发展与和谐文化建设研究"这样的"重大课题"[1]，不是每个人都愿意或有资格接手的。布尔迪厄在《自由交流》中曾谈及，获得奖金资助者难保不受出资人的控制："文艺资助是一种微妙的统治形式，它之所以起作用正是因为人们没有觉察这是统治。"社会科学面临的问题之一，是如何能得到必不可少的研究经

---

[1] 此乃 2007 年颁布的《国家社会科学基金项目指南》中，有关"中国文学"部分的前四项。

费（社会学是很费钱的……），同时又能保持独立性而不蜕化。"[1] 对于中国的人文学者来说，随着科研基金和奖励体系的日渐完善，这种体会将越来越深刻。

传说北京大学重"成果"而不重"项目"，评职称时，若条件相同，优先考虑没有国家课题的（理由是"少花钱而多办事"）。之所以出现如此"美丽的误会"，根源于学者们对许多大学将"报课题"与"评职称"直接挂钩强烈不满，于是拿北大"说事"。做研究可以凭自己的努力，报课题则有很大的偶然性——除了中宣部把关的"重大项目"确实"政治挂帅"，在其他项目的评审中，也无法完全杜绝拉帮结派、投桃报李以及走后门送礼等"违规动作"。任何制度都有漏洞，都可能被迂回突破，以中国人的聪明才智以及诚信水平，再严格的规章制度，也没能阻止利益输送和学术腐败。因而，越来越"成龙配套"的学术评审 [2]，催生出不少长袖善舞的"学术掮客"。正是有

[1] 参见皮埃尔·布尔迪厄、汉斯·哈克著，桂裕芳译：《自由交流》53 页，北京：三联书店，1996 年。

[2] 今日中国，各种名目繁多的"学术评审"，让人看得眼花缭乱。从评著作、评学者，到评学科、评大学。评过了博士点，再评一级学科；评过了研究基地，再评重点学科——诸如此类的活动，已发展成一种自足的"评审文化"。近几年教育部大力推行的"普通高等学校本科教学评估工作"，更是引起很大争议，参见《高校教学评估在争议中进行》（李北方），《南风窗》2007 年 6 月（下）。

感于此，曾获菲尔兹奖的美国哈佛大学教授邱成桐，近年来屡次在报刊中公开批评中国的大学制度，直指中国之所以没有"一流大学"，很大原因在于"整个学术评审制度很不健全"。邱教授特别举了实在太离谱的"汉芯"事件，主张不仅惩罚造假者，也得追究到底是谁做的评审[1]。

在教育主管部门的积极引导下，今日中国的大学教授，整日里昏天黑地，不是你评我，就是我评你。作为个体的学者，你可以拒绝参加这种游戏[2]；可作为学校，则不能不在意各种评审指标。明知学问是"冥思苦想"做出来的，而不是"巧舌如簧"评出来的，可事关学校、院系、学科的未来，再清高的学者也无法完全置身度外。面对日渐热闹的大学校园，还有越看越像"老板"的教授们（尤其是科研课题主持人）[3]，我实在有点担心，政府对于人文学的

---

[1] 参见《邱成桐：中国为什么没有一流大学》（胡迭），《同舟共进》2007年5期。

[2] "我承认'重奖之下，必有勇夫'；但不太相信评审之举，能长学问。对于人文学者来说，独立思考的权利、淡定读书的心境，以及从容研究的时间，是最为重要的。"参见拙文《学问不是评出来的》，《中国书评》第一辑，广西师范大学出版社，2005年4月。

[3] 以前只有工科的研究生称自己的导师为"老板"，后逐渐延伸到理科以及社会科学；最近，连人文学教授也都"荣获"此称号。许多大学开始改革（北大略有变通），规定人文学科的教授必须跟工科教授一样，用自己的课题费来"养博士生"；钱多多招，钱少少招，没钱则别招。这对于破除传统的师道尊严，实现导师的"老板化"，将起很大作用。

重视（此乃人文学者不断呼吁的结果），固然令人欣慰，可用管理工科或社会科学的方式来领导人文学，很可能彻底改变人文学的性质及人文学者的趣味，从长远来看，不但无益，甚至可能有害。

最明显的例子是人文学的"工程化"。现在大家比较反感的，是中国大学的"行政主导"以及日益官僚化。可还有一种潜在的危险，人们往往习焉不察，那就是，大学变成效率很高的"跨国公司"。逼迫人文学者尽量外出承揽各种"工程"——最好是"国家重点工程"，这其中，钱是一个因素，但更重要的是便于控制和管理。是工程就有立项、设计、经费、人员、工作进度、项目验收等，好检查，好管理，也能体现上级主管部门的权威性。这对于工科或社会科学来说，或者是天经地义；可对于人文学来说，却不见得很合适。人文学有脚踏实地的，也有天马行空的；有大兵团作战的，但更多的是千里走单骑。强调项目管理、步步为营的"工程化"效果，必定压抑各种"奇思妙想"；而力主"造大船"，追求所谓"标志性成果"，势必大团体、跨学科、国际化。最著名的例子，莫过于"夏商周断代工程""清史工程"以及"《儒藏》工程"等。照常理推断，工程越大，受重视程度越高，国家拨款也就越多；但钱多不见得就一定能办好事，更不能保证其成果必然"传世"。后两者仍在进行中，不好妄加评论；1996 年 5 月 16 日正式启动，到 2000 年 9 月 15 日通过国家验收的"夏商周断代工程"，其操作方式及具体结论，已然引来不少质疑的声音 [1]。

我关心的不是具体工程的得失，而是国家拨巨款，众学校组成攻关队伍，在限定的时间内拿出"创新成果"，然后经过专家评定结项，出版相关著述，这种研究模式是否值得大力推广。所谓"上有所好，下必甚焉"，现在很多人文学者争相承揽的国家重点课题（或曰"重大项目"），虽没有"夏商周断代工程"那么大的气魄与规模，但操作方式却很相像——从设计立项、批准实施，到汇报施工进度，提交阶段性成果，再到工程如期完成，恭请专家评审验收等，一应行礼如仪。如此盲目追求、互相攀比项目规模与资助金额，在我看来，不是好风气。尤其是此类"大工程"，必须寻求多方合作，实际上是层层转包，各项目负责人就像一个个包工头，参与"打工"的，包括在校研

---

[1] 关于夏商周断代工程的进展及反响，可参阅以下四文：杨鸥《李学勤与夏商周断代工程》，2000 年 11 月 15 日《人民日报（海外版）》；李学勤《夏商周断代工程的新发现与新探索》，2000 年 12 月 13 日《中华读书报》；蒋祖棣《西周年代研究之疑问——对"夏商周断代工程"方法论的批评》，《古史考》第九卷，海南出版社，2000 年；陈宁《"夏商周断代工程"争议难平》，2003 年 11 月 27 日《社会科学报》。

究生，还有需要银子和名分的不太著名的教授。

我承认，即便在人文研究领域，也有若干"重大课题"需要如此操作；但问题在于，我们已经形成一种"共识"——假如你只有一个人，没有"团队合作"与"科际整合"，而且不在东西方南北极之间无数次来回奔跑，是不可能做出"标志性"的重大科研成果的。于是，流行的做法是：为了适应评审指标，大家都往一起靠，截长补短，互相迁就，弄成一种"捆绑式销售"状态。不说"重大项目"更多体现国家意志，也不说评审过程中可能存在着权力寻租和利益输送，就算一切正常，你已经用问心无愧的手段、如愿以偿地拿到了国家重点课题，在接下来的实际操作中，还必须面临如何协调各方利益以及赶工程进度等难题；到头来，好题目也都做不出好文章。因为，这年头，学者们全都急匆匆赶路，没人有心情停下脚步，欣赏你如何"十年磨一剑"。这似乎是"盛世危言"，不过，你要是到书店走走，看看琳琅满目的学术图书，大凡标明"国家重大项目"的丛书、套书，十有八九做得不好，还不如那些没有经费支持的"小而可贵"的个人专著[1]。理由很简单，前者先天不足（有时间限制，必须尽早完工；集体著述，

---

[1]　参见拙文《怀念"小书"》，2006 年 10 月 23 日《中国新闻周刊》。

难免良莠不齐），后天失调（有"重大项目"之美名，加上补贴出版经费，出版社一般懒得认真审稿，落得做个人情）；至于出版社方面经过严格审查、愿意赔钱推出的"个人著述"，反而可能蕴藏着真才实学。

换句话说，我以为人文学的真正危机，很可能不是其在大学中的地位相对下降，而是被教育主管部门按照工科或社会科学的模样进行"卓有成效"的改造。这种"阉割"，因有金钱作为诱饵，当事人没有任何痛苦，有可能还是自愿上钩、自觉上套。再也没有"不计成本"地"神游冥想"的苦行僧、独行侠或读书人，即便有，也早就被时代抛弃；放眼望去，"长安道上"，万马奔腾，尘土飞扬，全都被纳入既定的发展轨道。经过这么一番"积极扶持"，大学里的人文学者，钱多了，气顺了，路也好走了。只是原本强调独立思考、注重个人品位、擅长沉潜把玩的"人文学"，如今变得平淡、僵硬、了无趣味，实在有点可惜。在我心目中，所谓"人文学"，必须是学问中有"人"，学问中有"文"，学问中有"精神"、有"趣味"[1]。但在一个到处生机勃勃而又显得粗糙平庸的时代，谈论"精神超越"或"压

---

[1] 参见拙文《人文学的困境、魅力及出路》，《现代中国》第九辑，北京大学出版社，2007 年 7 月。

在纸背的心情"，似乎有点奢侈。

　　或许，这就是中国式的发展道路——不是"小车不倒只管推"，而是只要你我肯"推"，这"小车"很可能就不会倒下去。今天的中国大学，积弊甚多，问题成堆，好像很快就要垮掉；可你尽管放心，虽则摇摇晃晃，它还能继续往前走。但愿中国的人文学，也会有如此命运。之所以持如此"谨慎乐观"态度，那是因为，我记得鲁迅曾在瑜儿的坟上凭空添上了一个花环[1]，还有，胡适也曾动情地讲述"鹦鹉救火"的故事[2]。

　　　　2007 年 7 月 5 日—8 月 2 日初稿，8 月 30 日定稿

　　（初刊《学术月刊》2007 年 11 期；人大报刊复印资料《社会科学总论》2008 年 1 期及熊思东等编《通识教育与大学：中国的探索》[北京：科学出版社，2010 年] 转载）

---

[1] 在《〈呐喊〉自序》中，鲁迅称，为了不过分传染"自以为苦的寂寞"，"往往不恤用了曲笔，在《药》的瑜儿的坟上凭空添上一个花环"，见《鲁迅全集》一卷 419 页，北京：人民文学出版社，1981 年。

[2] 在《〈人权论集〉序》中，胡适引述"鹦鹉救火"的故事，而后称："我们明知小小的翅膀上滴下的水点未必能救火，我们不过尽我们的一点微弱的力量，减少良心上的一点谴责而已。"见《胡适全集》四卷 652—653 页，合肥：安徽教育出版社，2003 年。

初版后记

在某个特定场合,被逼着非做自我评价不可,我以"低调的理想主义者"应对。意思是说,对自己的理念有所认识,也有所坚持,但与此同时,关注"可行性",故对人对己都不过分苛求。说得好听是"通达",不好听呢,就是缺乏"不全宁无"的决绝姿态,一旦证实"此路不通",很容易就转身而去。倾听高调者"中国无大学"之类的宏论,我惊讶其横扫千军如卷席的气势;而观看实践派"三步并做两步走"的举措,我又想起"杀君马者道旁儿"的古训。如此理性、温和的立场,使得拙文读起来"不够过瘾",很难博得满堂掌声。除了认定"这里就是罗陀斯",有本事,我们就在这里起跳;再就是,铭记老校长胡适为《独立评论》创刊所写的那段话:"我们深信,争自由的方法在于负责任的人说负责任的话。"

关注中国大学的历史与现状，将其作为一个学术课题，展开深入持久的对话，对于一个文学教授来说，确实带有某种偶然性。可"既来之，则安之"，渐渐地，我也能感觉到某种劳作的艰辛以及收获的喜悦。比起专业的教育学或教育史专家来，我的学术训练及精力投入明显不足；只是在兼及文史、提奖精神方面，可能略有斩获。记得前年的"两会"期间，曾应《瞭望》周刊之邀，剪裁旧作成一短文，名曰《大学以精神为最上》，据说获得很多读者的欣赏。某种意义上，这就是"长话短说""大题小作"的好处。

本书的特点，除了历史与现实对分，再就是论文及演讲各半。后者既指向"目光"，也牵涉"文体"。演讲诉诸听觉，需要大白话、新见解，引证不能太多，切忌满篇咬文嚼字、引经据典。这样一来，对于问题的深入探讨与彻底解决，多少总有些限制。演讲鼓励现场发挥，一旦说开去，常常"摇曳多姿"，这与史学论文之讲究准确、严谨，不免有些差距。还有一点，演讲时，不能假定听众熟悉你的以往著述，且一书在手随时翻查，为了词能"达意"，往往自我引用。单篇看没问题，集中起来阅读，就会略嫌重复。如此"文体辨析"，某种意义上，也是一种自我辩解。因为，各文的论述与引证偶有重叠；为了文章的整体性，不做删改，这点敬请读者原谅。

本书收文十一篇，另加三则附录。上编观历史，下编谈现实。至于"远行留'背影'"与"荷戟独'彷徨'"，除表明论述对象及作者心境，还隐含了两个书名，即1926年北新书局刊鲁迅小说集《彷徨》，以及1928年开明书店刊朱自清散文集《背影》。如此"拉大旗当虎皮"，主要指向二书的"卷首语"。《彷徨》无序，引《离骚》句为题词："路漫漫其修远兮，吾将上下而求索。"《背影》序言提及当今散文大发展："有种种的样式，种种的流派，表现着，批评着，解释着人生的各面，迁流曼衍，日新月异。"一力主求索，一明辨文体，这也是本书的特色与追求。

十五年间，虽说不时涉足大学话题，删繁就简，归纳成集，也就这次由北大出版社刊行的《老北大的故事》（增订版）、《大学何为》《大学有精神》三书了。此前的《北大精神及其他》（上海文艺出版社，2000）和《中国大学十讲》（复旦大学出版社，2002）不再重印，部分文章分别散入《老北大的故事》（增订版）和《大学有精神》；至于若干专业论文，则留待他用。

"十年辛苦不寻常"，更何况十有五年。曾撰有答问《书里书外话"大学"》，大致讲述、清理了整个暗中摸索的过程，略加修订，作为"代自叙"。

2009 年 2 月 2 日，春节后的第一个星期一，
于京西圆明园花园

修订版后记

　　比起 2009 年北大出版社刊行的初版本，修订版《大学有精神》有很大的改观。原书十四文，仅保留了六篇（其中的《大学历史与大学精神——四幅中国大学剪影》分拆成三则短文），另从《大学何为》调入四文。

　　之所以如此大动干戈，因《大学何为》与《大学有精神》的成书，中间有时间差，没能很好配合。趁着这次重印的机会，调整二书结构，谈论现状的归《大学何为》，辨析历史的进入《大学有精神》；前者突出现实关怀，后者追求学术深度，各有各的工作目标与论述策略。至于原书中《阅读大学的六种方式》《解读"当代中国大学"》二文，因收入《读书的"风景"——大学生活之春花秋月》，只好割爱。

原本想以"中国大学的历史、传说与精神"为本书副题，踌躇再三，最终还是放弃了。目前的长短文兼收，并非理想状态。实际上，关于大学史，我还有若干半成品，只是需要时间仔细打磨。总有一天，此题目我会写成一本大书——所谓"大书"，不一定是"通史"，更不以"页数"见长，而是希望兼及理论与实践、制度与精神、史实与文采。

2015 年 2 月 2 日于京西圆明园花园